Paulo Henrique Vieira da Costa

Rua Clara Vendramin, 58 . Mossunguê . Cep 81200-170 . Curitiba . PR . Brasil
Fone: (41) 2106-4170 . www.intersaberes.com . editora@intersaberes.com

Conselho editorial Dr. Alexandre Coutinho Pagliarini, Drª Elena Godoy, Dr. Neri dos Santos, Dr. Ulf Gregor Baranow ▪ **Editora-chefe** Lindsay Azambuja ▪ **Gerente editorial** Ariadne Nunes Wenger ▪ **Assistente editorial** Daniela Viroli Pereira Pinto ▪ **Preparação de originais** Letra & Língua Ltda. ▪ **Edição de texto** Millefoglie Soluções Editoriais, Monique Francis Fagundes Gonçalves ▪ **Capa** Luana Machado Amaro ▪ **Projeto gráfico** Mayra Yoshizawa ▪ **Diagramação** Luana Machado Amaro ▪ **Equipe de** *design* Luana Machado Amaro, Sílvio Gabriel Spannenberg ▪ **Iconografia** Regina Claudia Cruz Prestes

Dados Internacionais de Catalogação na Publicação (CIP)
(Câmara Brasileira do Livro, SP, Brasil)

Costa, Paulo Henrique Vieira da
  Processo administrativo e intervenção na propriedade: uma visão geral/Paulo Henrique Vieira da Costa. Curitiba: InterSaberes, 2022. (Série Estudos Jurídicos: Direito Público)

  Bibliografia.
  ISBN 978-65-5517-169-3

  1. Administração pública 2. Desapropriação 3. Direito administrativo 4. Direito de propriedade 5. Processo administrativo 6. Processo administrativo – Leis e legislação I. Título II. Série.

22-104345   CDU-35.077.3

Índices para catálogo sistemático:
1. Processo administrativo: Direito administrativo 35.077.3
Cibele Maria Dias – Bibliotecária – CRB-8/9427

1ª edição, 2022.

Foi feito o depósito legal.

Informamos que é de inteira responsabilidade do autor a emissão de conceitos.

Nenhuma parte desta publicação poderá ser reproduzida por qualquer meio ou forma sem a prévia autorização da Editora InterSaberes.

A violação dos direitos autorais é crime estabelecido na Lei n. 9.610/1998 e punido pelo art. 184 do Código Penal.

Sumário

9 ▪ *Prefácio*

13 ▪ *Apresentação*

Capítulo 1
15 ▪ **Ato, processo e procedimento: conceitos e distinções**

17 | Ato administrativo e processo

22 | Processo e procedimento administrativos

24 | Espécies e classificação dos processos administrativos

Capítulo 2
27 ▪ **Principiologia do processo administrativo**

29 | Princípios genéricos da Administração Pública

39 | Princípios constitucionais aplicados ao processo

49 | Princípios específicos da Lei de Processo Administrativo

Capítulo 3
71 ▪ **Lei de Processo Administrativo: estrutura**

72 | Direitos e obrigações dos administrados

74 | Legitimidade postulatória

75 | Competência, impedimentos e suspeições

77 | Atos e formas do processo administrativo

78 | Comunicação dos atos processuais

79 | Anulação, revogação e convalidação dos atos processuais

81 | Fases do processo

Capítulo 4
85 ▪ Independência de instâncias e controle judicial
86 | Pluralidade de instâncias
87 | Instâncias administrativa, cível e penal
88 | Revisão judicial do processo administrativo

Capítulo 5
91 ▪ Atuação do advogado no processo administrativo
92 | Prerrogativas do advogado
93 | Considerações sobre a defesa técnica no processo
administrativo
95 | Acesso às peças e sigilo processual

Capítulo 6
97 ▪ Processo administrativo sancionador
98 | Poder administrativo de polícia
100 | Sanções e infrações administrativas
103 | Conceito de processo sancionador
104 | Tipologia e incidência do processo sancionador

Capítulo 7
107 ▪ Processo administrativo disciplinar
110 | Fases do processo administrativo disciplinar
121 | Sindicância como procedimento administrativo apuratório
126 | Procedimento sumário e verdade sabida

Capítulo 8

131 ▪ **Procedimentos de intervenção administrativa na propriedade**

134 | Direito de propriedade

136 | Intervenção na propriedade e poder de polícia

138 | Formas de intervenção na propriedade: restritiva e supressiva

201 ▪ *Considerações finais*

203 ▪ *Referências*

215 ▪ *Sobre o autor*

Prefácio

É com grande satisfação que recebo o convite do Professor Paulo Henrique Vieira da Costa para elaborar o prefácio de sua obra *Processo administrativo e intervenção na propriedade*. Por conhecer o professor, tal tarefa pareceu-me mais fácil, pois o comprometimento que o preclaro autor dedica à matéria é deveras evidente.

Em sua dissertação de mestrado, o Professor Paulo Henrique aborda tema relacionado ao Direito Administrativo. Sempre tratando o conteúdo de modo didático, mas sem deixar de lado a profundidade inerente aos temas, o autor presenteia o mundo acadêmico com sua mais nova obra.

Em um mundo marcado por superficialidades pueris, descompassadas com a realidade, permeadas pela parcialidade de pensamento, esta obra tem caráter diametralmente oposto. O autor aborda, com isenção acadêmica, temas bastante controvertidos, o que demonstra a singularidade de sua postura isenta e fiel à realidade.

Neste pensar, são inúmeros os desafios enfrentados pelo Direito Administrativo e pelo processo administrativo, tendo como marco legislativo a Lei n. 9.784, de 29 de janeiro de 1999, com todas as implicações do constitucionalismo contemporâneo.

Trata-se do primeiro instrumento de defesa dos direitos dos administrados, ou para aqueles que eventualmente careçam de uma legislação local ou estadual que tenha por escopo garantir os direitos essenciais do cidadão contra atos abusivos, lesivos e imorais que venham a ser praticados por agentes do Poder Público.

Tal reflexo da democracia no processo ostenta, em todas as suas nuanças, as contradições inerentes à condição do indivíduo no exercício de qualquer direito cívico: é paradoxal reconhecer, a um só tempo, a necessidade de se prover o cidadão de mecanismos de defesa e a impotência desse mesmo indivíduo diante dos grandes violadores do interesse público.

Em um período em que ainda não existiam os demais meios de defesa de direitos dos administrados, autorizada doutrina pátria chegou a defender a utilização da ação popular como instrumento processual capaz de exercer a proteção de todo e qualquer interesse do administrado (Moreira, 1993)[1]. Concomitantemente,

---

1 MOREIRA, J. C. B. Ação civil pública. **Revista Trimestral de Direito Público**, São Paulo: Malheiros, n. 3, p. 187-203, 1993

apontava-se como deficiência – para tal fim – a legitimação do administrado, cuja atuação em juízo, em contraposição aos poderosos adversários, poderia ser equiparada, metaforicamente, à luta travada por um Davi (sem a funda) e o gigante Golias (Moreira, 1993)[12].

Atualmente, no contexto do microssistema de defesa de direitos do administrado, a Lei do Processo Administrativo, ao lado de inúmeros outros instrumentos de tutela de tal defesa, confere legitimidade concorrente a diversos entes providos de representatividade adequada para oporem-se a adversários de tal monta.

Todavia, isso não retira, por óbvio, a importância da legitimação do indivíduo para a defesa dessa modalidade de direitos, especialmente no que se refere àqueles direitos emergentes de atos e omissões lesivos e ilegais praticados pelo Poder Público.

A representatividade do administrado é, ao mesmo tempo, democrática e republicana. Algo que não se alcança por meio de soluções estatais protecionistas ou paternalistas inerentes à legitimação dos entes públicos. Estas são necessárias – pedagógicas até – mas não se comparam, em termos políticos, à via da legitimação individual para a defesa da coisa pública.

Para resolver o paradoxo com eventual impotência do indivíduo, faz-se necessário, sobretudo, conhecer esse precioso instrumento constitucional, suas especificidades, seu objetivo central de proteger a probidade administrativa, suas reais possibilidades de obter uma resposta satisfatória ao interesse público.

---

2   Idem.

Acima de tudo, é preciso reconhecer a necessidade de emancipação do cidadão e da sociedade civil como um todo. Por outro lado, também é necessário respeitar as limitações ao exercício desse – como de qualquer outro – direito. Trata-se, digamos, de um empoderamento responsável e ético.

Essa tarefa não poderia estar em melhores mãos do que as que se uniram para compor a atualíssima obra que ora prefaciamos.

Este trabalho reflete o olhar constitucional sobre uma lei precursora da defesa do direito do cidadão a uma administração íntegra e que não se aproveite do cidadão indefeso. Da entrada em vigor da Lei n. 9.784/1999 aos dias atuais, inúmeros fatores influíram na aplicação do texto legal, sendo indispensáveis o olhar atento e a agudeza interpretativa dos mais reconhecidos autores e dos pesquisadores que despontam nas mais renomadas instituições.

Por essas e outras razões, a leitura deste livro é indispensável ao jurista, ao magistrado, ao representante do Ministério Público e aos acadêmicos em geral, mas especialmente ao cidadão brasileiro, tão carente em ver efetivados seus direitos ante o Estado, que tem se prestado a se servir, e não a servir aos que dele necessitam.

Curitiba, verão de 2022.

Horácio Monteschio
Advogado e professor do Programa de Mestrado
em Direito da Universidade Paranaense (Unipar) e do pernambucano
Complexo de Ensino Renato Saraiva (CERS).

Apresentação

Há várias categorias de obras acadêmicas. Há as que são profundas e já estruturadas com base no pressuposto de elevado conhecimento do leitor; há aquelas que buscam apresentar propostas e teses inéditas; há, também, as que criticam o estado da arte do que está sedimentado e escrito por outros autores; e há as obras de cunho introdutório. O objetivo do presente trabalho é apenas didático e foi concebido para auxiliar os estudos dos graduandos em Direito. Aqui, não apresentamos profundas indagações nem teses complexas, mas expomos os temas de modo que os estudantes se familiarizem com o processo administrativo brasileiro e com as formas de intervenção na propriedade.

A rigor, este trabalho pode ser dividido em dois universos teóricos: (1) o processo administrativo propriamente dito e (2) a intervenção na propriedade. Há um fio condutor entre ambos, qual seja, o caráter procedimental, pois, para que seja efetivada qualquer uma das formas de intervenção, há a necessidade de uma sucessão de atos administrativos procedimentais que constituem, de certa forma, um processo com finalidade própria.

A fim de introduzir o leitor no tema processual, iniciamos nossa abordagem com o exame de sua "menor partícula": o ato administrativo. Em seguida, comentamos os princípios informadores do processo, sua estrutura e suas fases. Analisamos a questão da independência entre as instâncias judicial e administrativa, assim como o controle jurisdicional sobre o o processo. Outro aspecto sobre o qual discorremos é a atuação do advogado na esfera processual administrativa, suas prerrogativas e a tipologia dos processos.

Quanto ao universo da intervenção na propriedade, observamos a classificação doutrinária tradicional em formas restritivas e supressivas. Entre as restritivas, tratamos da requisição, da servidão, da ocupação temporária e do tombamento. Por fim, examinamos a supressão por excelência, que é a desapropriação, em suas diversas modalidades. Procuramos apresentar, ainda que de modo incipiente, o novel instituto no Direito brasileiro da mediação aplicada ao processo expropriatório.

Boa leitura!

Capítulo 1

Ato, processo e procedimento: conceitos e distinções

Ordinariamente, qualquer pessoa que pense em um processo tende a imaginar a sala de um fórum ocupada por um juiz e as partes dispostas cada uma de um lado da mesa. Afinal, esse é o arquétipo clássico, formato de processo recorrente em questões criminais, de família e cíveis. O que se tem em comum é, de fato, a atuação do magistrado no vértice da discussão entre as partes representadas pelos respectivos advogados.

Todavia, o processo administrativo do qual trataremos neste livro não tem essa composição, esse desenho. Não há a figura do magistrado, do juiz completamente equidistante e pertencente ao Poder Judiciário. Nos processos administrativos em geral, ocorre efetivamente um julgamento, mas este não é materializado por meio de uma sentença, e sim de um parecer seguido de um despacho. A autoridade que decide nesses processos não é um juiz, mas um agente público investido de poderes para decidir.

Tanto o processo judicial quanto o administrativo têm uma estrutura fundamental e permanente que lhes é comum. É um núcleo de princípios que qualquer pessoa – mesmo sem formação jurídica – intuitivamente percebe. Esses princípios encontram sua síntese máxima na **ampla defesa** e dela decorrem todos os demais.

— 1.1 —
Ato administrativo e processo

O ato administrativo é a menor partícula do processo, comportando-se como um elo em uma corrente. O conjunto de atos justapostos e relacionados por uma finalidade comum forma o que se denomina *processo*.

Desde os atos mais elementares, como autuação, numeração das páginas, carimbos de certificação, até atos complexos, como perícias, laudos, depoimentos, todos são considerados *atos administrativos*, uma vez que são praticados por agente público no seio da administração. Cada ato administrativo submete-se a regras, princípios e caratcterísticas sedimentados no Direito Administrativo brasileiro.

— 1.1.1 —
Ato administrativo: aspectos gerais

Por não existir na legislação brasileira um conceito de ato administrativo, coube à doutrina conceituá-lo.

Para Di Pietro (2006, p. 206), ato administrativo é "a declaração do Estado ou de quem o represente, que produz efeitos jurídicos imediatos, com observância da lei, sob regime jurídico de direito público e sujeita a controle pelo Poder Judiciário".

De acordo com Cretella Junior (1998, p. 134), ato administrativo é

Ato, processo e procedimento: conceitos e distinções

a manifestação de vontade do Estado, por seus representantes, no exercício regular de suas funções, ou por qualquer pessoa que detenha, nas mãos, fração de poder reconhecido pelo Estado, que tem por finalidade imediata criar, reconhecer, modificar, resguardar ou extinguir situações jurídicas subjetivas em matéria administrativa.

E, segundo Bandeira de Mello (2004, p. 356), ato administrativo é a

> declaração do Estado (ou de quem lhe faça as vezes – como, por exemplo, um concessionário de serviço público), no exercício de prerrogativas públicas, manifestada mediante providências jurídicas complementares da lei a título de lhe dar cumprimento, sujeitas a controle de legitimidade por órgão judicial.

A declaração jurídica produz efeitos como a declaração propriamente dita – que é ato de sensível relevância no direito, na medida em que reconhece um *status* jurídico de alguma coisa, pessoa ou conduta. Ela cria, extingue, transfere ou modifica direito ou obrigação. A proveniência estatal é evidente, uma vez que, em se tratando de ato administrativo, a prerrogativa é público-estatal. Na esfera das relações puramente privadas, ou seja, entre particulares, não há ato administrativo, mas ato jurídico que provoca efeitos no mundo do direito.

Para ser considerado administrativo, o ato tem de ser praticado por agente público dotado de legitimidade ou autoridade estatais. Ademais, o ato tem de ser regido pelo Direito Público.

Ato, processo e procedimento: conceitos e distinções

É o considerado uma providência jurídica complementar a uma norma com o fim de lhe dar cumprimento, porque as normas em geral (leis, decretos) têm amplitude maior – ou seja, em geral, elas não atingem situações específicas, particulares e, até mesmo, temporárias. Para regulamentar e gerir esse campo mais objetivo, há os atos administrativos de caráter normativo, como portarias, instruções, resoluções e despachos.

Por fim, assinalamos que o ato normativo está submetido a exame de legitimidade pelo Poder Judiciário (controle jurisdicional), podendo ser decretados inválidos em casos de ilegalidade. Atos de um processo administrativo – ou até mesmo o processo inteiro – podem ser anulados pelo Poder Judiciário.

— 1.1.2 —
Noções gerais da expressão
processo administrativo

Conforme aludimos no início deste capítulo, ao se falar em *processo*, vem à mente o fórum, uma audiência, as testemunhas sendo ouvidas e uma sentença proferida por um juiz togado. No entanto, nesta obra, examinaremos outro tipo de processo: o processo administrativo. Este não conta com a atuação de um juiz e não se passa no interior de um fórum, mas exclusivamente no seio da Administração Pública. Não obstante, é válido descrever o âmbito dos processos judiciais, conforme segue em nossa explanação.

– 19 –

Os processos judiciais, sejam eles penais, sejam civis, têm uma estrutura característica. Um dos vértices dessa estrutura é a do magistrado independente, inamovível de sua função e dotado de um poder jurisdicional que lhe é inerente. Os outros vértices dessa estrutura são ocupados pelas partes envolvidas e que são necessariamente representadas por advogados. O juiz profere uma sentença dotada de força coercitiva e que, após seu trânsito em julgado, será executada. Evidentemente, a sentença pode ser objeto de sucessivos recursos. No entanto, esses recursos ocorrem sempre no Poder Judiciário e, em algum momento, eles não são mais passíveis de interposição.

Nas questões penais, os processos são regulados pelo Código de Processo Penal – Decreto-Lei n. 3.689, de 3 de outubro de 1941 (Brasil, 1941b). As questões civis são processadas por meio do regramento estabelecido no Código de Processo Civil – Lei n. 13.105, de 16 de março de 2015 (Brasil, 2015a). Essas leis constituem os dois grandes códigos processuais brasileiros para as ações judiciais. Reiteramos que não é objeto deste escrito o estudo do processo judicial, mas sim do processo administrativo. Este, nas palavras de Franco Sobrinho (1971, p. 20), "é o modo de ser ou proceder fora da esfera jurisdicional da justiça comum aplicada pelos tribunais".

Tendo exposto esses esclarecimentos, passamos a comentar conceitos importantes.

De Plácido e Silva (2005, p. 1101) conceitua **processo** desta forma:

derivado do latim *processus*; de *procedere*; ação de proceder, ou ação de prosseguir. Exprime, propriamente, a ordem ou a sequência das coisas, para que cada uma delas venha a seu devido tempo, dirigindo, assim a evolução a ser seguida no procedimento, até que se cumpra sua finalidade.

Essa é uma definição genérica de processo. Em uma perspectiva mais específica, De Plácido e Silva (2005, p. 1.102) afirma que **processo administrativo** é aquele "que se opera perante a autoridade administrativa, quando não é de natureza contenciosa e provocado por iniciativa dela".

Há, em todas as funções estatais, seja legislativa, seja puramente da rotina administrativa, algo que se denomina *Direito Processual Administrativo*. A "processualidade" da esfera administrativa foi inicialmente constatada pelo jurista Manoel de Oliveira Franco Sobrinho, que observou o fenômeno "processo" no exercício de toda função estatal, funcionando como um termo geral. Para Franco Sobrinho (1971, p. 11), sobre o processo recai um "conceito próprio que não escapa ao conhecimento do Direito Administrativo".

A disciplina jurídica do processo administrativo no Brasil é efetivada pela doutrina, por súmulas[1] dos tribunais superiores, pela Constituição Federal (CF) de 1988 (Brasil, 1988), pela legislação federal e pela legislação estadual nas unidades da federação.

---

1 No direito pátrio, chama-se *súmula* um verbete que registra a interpretação pacífica ou majoritária adotada por um tribunal acerca de um tema específico, resultado do julgamento de diversos casos semelhantes, a fim de promover a uniformidade entre as decisões.

As principais leis federais que tratam do tema são: **Lei n. 9.784**, de 29 de janeiro de 1999 (Brasil, 1999a), que institui, no âmbito da Administração Federal direta e indireta, normas básicas sobre o processo administrativo, visando à proteção dos direitos dos administrados e ao melhor cumprimento dos fins da Administração; e **Lei n. 8.112**, de 11 de dezembro de 1990 (Brasil, 1991a), que dispõe sobre o regime jurídico dos servidores públicos civis da União, das autarquias e das fundações públicas federais. Esta última, norma complexa e volumosa, trata do tema processual em seus arts. 148 a 182, que se referem à sindicância e ao processo administrativo disciplinar, tema a ser tratado em capítulo específico.

— 1.2 —

Processo e procedimento administrativos

Há duas expressões muito empregadas no tema: *processo* e *procedimento*. Esses termos são utilizados pelos operadores do Direito de modo indistinto, muito embora exista uma distinção léxica e teórica no âmbito da doutrina. Vale, então, examinar as palavras de Marinela (2018, p. 1.131, grifo nosso):

> Para fins teóricos, é interessante distinguir o processo do procedimento administrativo. O processo administrativo constitui uma sucessão formal de atos realizados por revisão legal ou

pela aplicação de princípios da ciência jurídica para praticar atos administrativos. Esse instrumento indispensável ao exercício da atividade de administrar tem como objetivo dar sustentação à edição do ato administrativo, preparando-o, fundamentando-o, legitimando-lhe a conduta, uniformizando-o, enfim, possibilitando-lhe a documentação necessária para sua realização de forma válida. Já o procedimento administrativo é o modo pelo qual processo anda, ou a maneira de se encadearem os seus atos, o rito a forma pela qual os atos são realizados. Apesar de tal diferença, o legislador utiliza essas duas palavras de maneira indiferente, sem qualquer rigor técnico. A doutrina processual realiza a distinção, **mas os Administrativistas utilizam as duas expressões de forma acrítica.**

De acordo com a autora, **processo** é a cadeia sucessiva de atos administrativos, e **procedimento** é a forma, a obediência a uma "receita", um modo de se fazer. Isso porque um ato processual, independentemente de qual seja, tem um procedimento a ser observado, uma receita a ser seguida. Uma perícia tem uma forma de ser realizada; uma audiência de oitiva de testemunhas é dotada de um procedimento; do mesmo modo, uma vistoria segue certas diretrizes. Portanto, os procedimentos são observações de regras que dão forma ao ato. O processo, por sua vez, é o conjunto de atos ordenados com o objetivo de se chegar a um fim, que é, a rigor, o esclarecimento, a elucidação de um fato ou de um direito e suas consequências na esfera das condutas, das coisas ou das pessoas.

— 1.3 —
Espécies e classificação
dos processos administrativos

Para Meirelles (2012, p. 68), "Processo Administrativo é o gênero, que se reparte em várias espécies, dentre as quais as mais frequentes apresentam-se no processo disciplinar e no processo tributário ou fiscal". Nesse sentido, entende-se que o processo administrativo é um grande gênero, sendo possível classificá-lo em espécies, quais sejam:

- **Processo administrativo de expediente** – É aquele proveniente de provocação de um interessado ou por determinação interna no seio de um órgão público. São classificados como processo administrativo de expediente, por exemplo, os pedidos de certidão, a apresentação de documentos etc. A complexidade é mínima.

- **Processo administrativo de outorga** – Por meio dele se pleiteia algum direito ou trata-se de alguma situação individual perante a Administração. Raramente há contraditório, somente na exceção de haver oposição de terceiros ou da própria Administração. Em geral, existe um rito próprio. São exemplos: a concessão ou permissão de serviço público; a permissão de uso de bem público ou a concessão de direito real de uso; e os registros de atos de comércio perante as Juntas Comerciais.

Ato, processo e procedimento: conceitos e distinções

- **Processo administrativo de controle** – Também chamado de _determinação_ ou de _verificação_, permite que a Administração controle, determine ou verifique o comportamento e a situação dos gestores públicos ou de servidores e declare sua regularidade ou irregularidade, de acordo com a legislação pertinente. São processos que regem as prestações e as tomadas de contas dos agentes públicos perante os Tribunais de Contas, além de procedimentos de fiscalização em geral.

- **Processo administrativo de gestão** – Corresponde aos atos praticados pela Administração Pública com o objetivo de exercer suas funções próprias e exarar seu poder decisório. São exemplos: licitação e concursos públicos.

- **Processo administrativo de punição** – É decorrente de ato praticado por servidor, administrado ou contratado, que viole a lei, regulamento ou contrato. O processo é conduzido sob a responsabilidade de um agente público ou de uma comissão;

- **Processo administrativo disciplinar** – Nesse tipo de processo, a Administração apura e pune as faltas cometidas pelos servidores públicos no exercício de sua função administrativa. Meirelles (2012, p. 695) afirma que o processo é "chamado impropriamente inquérito administrativo".

Os processos de gestão, punição e disciplinar serão examinados em detalhes mais adiante, em capítulo específico.

Capítulo 2

Principiologia do processo administrativo

Principiologia do processo administrativo

Os princípios são proposições anteriores às normas e que direcionam os atos legislativos, judiciais e administrativos. São o cerne de um sistema, ou seja, a estrutura que o sucede e que dá garantia de sua validade. Sobre o tema, assim elucida Cunha (2015, grifo nosso):

> Importante notar que tais princípios não necessitam estar presentes na legislação, tendo validade e lançando seus efeitos independente de positivação (Direito Positivo é o conjunto de normas jurídicas, escritas ou não, vigentes num certo território, a um certo tempo). Se presentes na lei diz, que [sic] são **normas principiológicas**.
>
> Perceba que são de observância obrigatória, sendo mais grave transgredi-los que a uma norma, pois implica em ofensa a todo sistema de comandos.
>
> Ademais não existe hierarquia entre os princípios. Cada um tem sua importância sua importância [sic] e não se diz que um prevalece sobre o outro. A aplicação, caso a caso, é que acaba, indiretamente, dando mais valor a um outro, mas isso não quer dizer que exista tal hierarquia. Um princípio que não seja usado num determinado caso pode ser o mais importante em outro. O interessante está em analisar o conjunto deles no caso concreto.

Em suma, o que interessa na rotina prática jurídica é o exame, a observação do conjunto principiológico no caso concreto que está sendo analisado.

— 2.1 —
Princípios genéricos da Administração Pública

Constam no *caput* do art. 37 da CF/1988 os princípios que norteiam a Administração Pública brasileira: legalidade, impessoalidade, moralidade, publicidade e eficiência. São conhecidos pelo acrônimo *LIMPE* – criado didaticamente pelos professores de Direito. Detalharemos cada um deles nas próximas subseções.

— 2.1.1 —
Legalidade

O princípio da legalidade remete ao fato de que a Administração Pública só pode fazer aquilo que a norma permite, ou seja, seus atos devem estar em em conformidade com o que é prescrito em lei. Esse princípio é citado no inciso II do art. 5º da Constituição, que atesta que "ninguém será obrigado a fazer ou deixar de fazer alguma coisa senão em virtude de lei" (Brasil, 1988).

Uma variante desse princípio orienta o Direito Penal e está prevista no art. 5º, no inciso XXXIX[1] da CF/1988. Nesse aspecto, o constituinte estabeleceu que determinada conduta somente será considerada criminosa se prevista em lei. Caso semelhante ocorre nos assuntos do Direito Tributário. O art. 150, inciso I,

---

1   "XXXIX – não há crime sem lei anterior que o defina, nem pena sem prévia cominação legal;" (Brasil, 1988).

Principiologia do processo administrativo

também impôs o obrigatório respeito desse mesmo princípio, ou seja, o Poder Público somente pode cobrar ou aumentar tributos mediante lei. No Direito Administrativo, esse princípio vincula a Administração Pública à lei, independentemente da atividade. Dessa maneira, se não houver previsão legal, nada pode ser feito. Nas relações de direito privado, a pessoa é livre para fazer o que lhe aprouver, com exceção daquilo que a lei proíbe. No Direito Administrativo, a contrário senso, a aplicação desse princípio se traduz no fato de que ao administrador só é possível fazer o que lhe é autorizado pela lei, pois seus atos têm de estar pautados em normas legislativas.

Cunha (2015) esclarece:

> Repare na importância que a legislação tem na vida do Estado. É ela quem estabelece como um juiz deve conduzir um processo ou proferir uma sentença; ou então o trâmite de um projeto de lei no legislativo ou a fiscalização das contas presidenciais pelo TCY [sic][2]; ou ainda as regras para aquisição de materiais de consumo pelas repartições... Tudo tem que estar normatizado, e cada um dos agentes públicos estará adstrito ao que a lei determina. Então, é expressão do princípio da legalidade a permissão para a prática de atos administrativos que sejam expressamente autorizados pela lei, ainda que mediante simples atribuições de competência, pois esta também advém da lei.

---

2   Leia-se TCU.

Principiologia do processo administrativo

Em suma, a expressão do princípio da legalidade se concretiza por meio da **permissão** para a prática de atos administrativos.

— 2.1.2 —
Impessoalidade

A impessoalidade é o princípio que afirma que a Administração tem o dever de tratar a todos os administrados sem quaisquer discriminações, sejam benéficas, sejam prejudiciais. Todo agente público ocupa seu posto com o objetivo de servir aos interesses dos cidadãos e seus atos devem submeter-se ao interesse público, jamais a interesse próprio ou de um grupo próximo de amigos. Isto é, a conduta deve ter efetivo caráter impessoal.

Se o administrador realiza uma obra, deve fazê-lo para beneficiar a população de modo indiscriminado, e não para apoiar um aliado político. Nesse caso, poderia restar configurado um ato **pessoal**. É importante lembrar que o administrador é apenas um representante, por tempo determinado, dos interesses dos cidadãos e não pode desviar-se dessa condição em nenhuma hipótese.

Por outro lado, esse mesmo princípio estabelece que o ato não será imputado a **quem** o pratica, mas ao **ente** ao qual ele está vinculado. Imaginemos um fiscal da vigilância sanitária (p. ex.: Agência Nacional de Vigilância Sanitária – Anvisa) que lavra um auto de infração contra determinada pessoa jurídica pela não observância de certo procedimento. Não é o **agente**

Principiologia do processo administrativo

que está exigindo o tributo, mas a **agência** federal, em observância à norma que assim determina. O fiscal é mera materialização do ente administrativo. Como é a pessoa quem autua, quaisquer outros agentes podem rever de ofício o ato ou manter a sanção – ainda que a pessoa que exarou o ato tenha sido desligada dos quadros da agência.

A impessoalidade ainda exsurge no contexto que se apresenta no art. 37, parágrafo 1º, da CF/1988, segundo o qual "a publicidade dos atos, programas, obras, serviços e campanhas dos órgãos públicos deverá ter caráter educativo, informativo ou de orientação social, dele não podendo constar nomes, símbolos ou imagens que caracterizem promoção pessoal de autoridades ou servidores públicos" (Brasil, 1988). Portanto, não pode haver a marca que identifique e personalize o autor daquela ação.

Observemos, também, o que diz a Lei n. 9.784, de 29 de janeiro de 1999 (Brasil, 1999a, grifo nosso), em seu art. 2º, parágrafo único, inciso III, que determina que, nos processos administrativos serão observados os "critérios de objetividade no atendimento do interesse público, **vedada a promoção pessoal** de agentes ou autoridades".

— 2.1.3 —
Moralidade

Como princípio, moralidade não é o mesmo que o simples moralismo, que, muitas vezes é invocado pelo senso comum nas

Principiologia do processo administrativo

discussões cotidianas. Tal princípio incide sobre as decisões legais tomadas pelo agente da Administração Pública, principalmente no que se refere aos aspectos da honestidade e do zelo pelo bem comum. A moralidade encontra fundamento bastante remoto na tradição jurídica ocidental. Os romanos já diziam que *"non omne quod licet honestum est"*, ou seja, nem tudo o que é legal é honesto. Nem tudo que é feito de acordo com o direito positivo é aceito pela tradição moral da sociedade[13].

A respeito do tema, Cunha (2015) assim aduz:

> Obedecendo a esse princípio, deve o administrador, além de seguir o que a lei determina, pautar sua conduta na moral comum, fazendo o que for melhor e mais útil ao interesse público. Tem que separara [sic], além do bem do mal, legal do ilegal, justo do injusto, conveniente do inconveniente, também o honesto do desonesto. É a moral interna da instituição, que condiciona o exercício de qualquer dos poderes, mesmo o discricionário.

Trata-se das tradições e das práticas não escritas que também condicionam o exercício de qualquer dos poderes, inclusive do discricionário. Nesse sentido, Meirelles (2012, p. 90) declara que:

---

3   Um exemplo disso seria o prefeito que, com o objetivo de inviabilizar a administração do futuro sucessor, às vésperas do encerramento do próprio mandato, pratica atos restritivos como, desapropriações, decretação de utilidade pública de certas áreas e de tombamentos. Mesmo que agindo conforme a lei, esse sujeito age com inobservância da moralidade administrativa.

o agente administrativo, como ser humano dotado de capacidade de atuar, deve, necessariamente, distinguir o Bem do Mal, o Honesto do Desonesto. E ao atuar, não poderá desprezar o elemento ético da sua conduta. Assim, não terá que decidir somente entre o legal e o ilegal, o justo do injusto, o conveniente e o inconveniente, o oportuno e o inoportuno, mas também entre o honesto e o desonesto.

Nesse aspecto, percebemos que a diferença entre a boa-fé subjetiva e a objetiva vem se fortalecendo de modo progressivo na área do Direito Administrativo. Santos (2015) distingue as duas modalidades:

> Nessa perspectiva, vê-se que a subjetiva trabalha a ideia de investigação sobre a real intenção e vontade do agente administrativo, principalmente no que concerne ao conhecimento ou desconhecimento do que era lícito ou não.
>
> Por outro lado, a boa-fé objetiva ocorre por meio de uma investigação do comportamento do agente, não tendo importância a sua intenção. Observa-se, conforme a doutrina majoritária para o Direito Administrativo, que o realmente importante é a atitude e não a intenção do agente.

Com o intuito de proteger a moralidade, surgiram alguns institutos no decorrer da história jurídica do Direito Administrativo brasileiro. Na legislação, podem ser encontrados vários, porém os prevalentes são a **ação popular**, regulada pela Lei n. 4.717, de 29 de junho 1965 (Brasil, 1965), a **ação civil pública**, regulada pela

Principiologia do processo administrativo

Lei n. 7.347 de 24 julho de 1985 (Brasil, 1985), além dos controles exercidos pelos tribunais de contas e comissões parlamentares de inquérito. Relevante para o princípio da moralidade foi o advento da **Lei de Improbidade Administrativa** – Lei n. 8.429, de 2 de junho de 1992 (Brasil, 1992), que trata das sanções aplicáveis aos agentes públicos. Nessa norma, estão arroladas importantes exigências oriundas do princípio da moralidade na condução dos negócios públicos.

A Constituição Federal faz menção, em certos pontos de seu texto, ao princípio da moralidade. Está expresso, por exemplo, no art. 5º, inciso LXXIII, que trata da ação popular contra ato lesivo à moralidade administrativa. Também o constituinte determinou a punição rígida da imoralidade na redação do art. 37, parágrafo 4º, da Carta Magna. Há também o art. 14, parágrafo 9º, no qual há o objetivo de se proteger a probidade e a moralidade no exercício de mandato. Já no art. 85, inciso V, considera-se a improbidade administrativa crime de responsabilidade.

— 2.1.4 —

Publicidade

É inerente a qualquer governo democrático a publicidade e o próprio texto constitucional brasileiro, em seu art. 5º, inciso XIII, dá um excelente conceito do conteúdo desse princípio: "todos têm direito a receber dos órgãos públicos informações de seu interesse particular, ou de interesse coletivo ou geral, que serão prestadas no prazo da lei, sob pena de responsabilidade,

– 35 –

Principiologia do processo administrativo

ressalvadas aquelas cujo sigilo seja imprescindível à segurança da sociedade e do Estado" (Brasil, 1988). Entretanto, trata-se de um princípio relativo, pois há atos públicos que necessitam de sigilo a fim de não ferir direitos individuais nem a estratégia de atuação dos órgãos governamentais. Cunha (2015) sintetiza:

> É este mais um vetor da Administração Pública, e diz respeito à obrigação de dar publicidade, levar ao conhecimento de todos os seus atos, contratos ou instrumentos jurídicos como um todo. Isso dá transparência e confere a possibilidade de qualquer pessoa questionar e controlar toda a atividade administrativa que, repito, deve representar o interesse público, por isso não se justificam de regra, o sigilo.

Diante desse contexto, na prática, a publicidade e o segredo devem ser sopesados de maneira que, em determinados casos, a publicidade pode ser mitigada, desde que justificadas em razão de interesse público ou segurança. A CF/1988 prevê exceções em alguns incisos do art. 5º:

> XIV – é assegurado a todos o acesso à informação e resguardado o sigilo da fonte, quando necessário ao exercício profissional;
>
> [...]
>
> XXXIII – todos têm direitos a receber dos órgãos públicos informações de seu interesse particular ou de interesse coletivo ou geral, que serão prestadas no prazo da lei, sob pena de

Principiologia do processo administrativo

responsabilidade, ressalvadas aquelas cujo sigilo seja imprescindível à segurança da sociedade e do Estado;

[...]

XXXIV – são a todos assegurados, independentemente do
pagamento de taxas:

a) o direito de petição aos Poderes Públicos em defesa de direitos ou contra ilegalidade ou abuso de poder;

b) a obtenção de certidões em repartições públicas, para
defesa de direitos e esclarecimento de situações de interesses pessoal;

[...]

LX – a lei só poderá restringir a publicidade dos atos processuais quando a defesa da intimidade ou o interesse social o
exigirem.

[...]

LXXII – conceder-se-á "habeas data":

a) para assegurar o conhecimento de informações relativas
à pessoa do impetrante, constantes de registros ou bancos
de dados de entidades governamentais ou de caráter público;

b) para a retificação de dados, quando não se prefira fazê-lo
por processo sigiloso, judicial ou administrativo. (Brasil, 1988)

Existem normas infraconstitucionais que conferem sigilo em
casos excepcionais. São: art. 20 do Código de Processo Penal
(CPP – Brasil, 1941b); art. 155 do Código de Processo Civil (CPC –
Brasil, 2015a), art. 3º, parágrafo 3º, da Lei de Licitações – Lei 8.666,
de 21 de junho de 1993 (Brasil, 1993b). Importa destacar que a

Principiologia do processo administrativo

publicidade de que trata o princípio do Direito Administrativo operará efeitos somente se procedida mediante órgão oficial destinado à publicação dos atos do governo. É insuficiente a mera notícia veiculada na imprensa. Com a publicação, fica presumido conhecimento dos interessados no que concerne aos atos praticados e dá-se início ao prazo para interposição de eventual recurso, assim como prazos de decadência e de prescrição.

— 2.1.5 —

Eficiência

A eficiência exige que a atividade administrativa seja exercida com presteza, perfeição e rendimento funcional. É tido como o mais recente princípio a integrar o rol das funções administrativas, uma vez que já não se restringe ao desempenho no âmbito da legalidade. A obediência a esse princípio exige o atingimento de resultados positivos para o serviço público, sobretudo no atendimento às necessidades da sociedade. Esse princípio foi o último introduzido na Constituição de 1988 por meio da Emenda Constitucional n. 19, de 4 de junho de 1998 (Brasil, 1998a), denominada *Emenda da Reforma Administrativa*. Ela deu nova redação, entre outros, ao art. 37 da CF/1988. A eficiência veio a revelar dois aspectos: o primeiro concernente à **atuação** do agente público; o segundo relativo à **organização**, **estrutura** e **disciplina** da Administração.

Principiologia do processo administrativo

O agente público, ao atender a esse princípio, deve agir de maneira rápida, precisa e com rendimento – sem olvidar o importante aspecto pragmático e econômico que deve pautar as decisões, levando em conta a relação custo-benefício. A Administração Pública deve estar permanentemente atenta a suas estruturas a fim de evitar a subutilização de órgãos ou entidades que não atendam às necessidades da população.

A Lei de Processo Administrativo (LPA), Lei n. 9.784/1999 – tema de que tratamos mais pormenorizadamente neste trabalho –, prevê, em seu art. 2º, que "a Administração Pública obedecerá, dentre outros, aos princípios da legalidade, finalidade, motivação, razoabilidade, proporcionalidade, moralidade, ampla defesa, contraditório, segurança jurídica, interesse público e **eficiência**" (Brasil, 1999a, grifo nosso). Portanto, o processo administrativo também deve transcorrer buscando a precisão, a objetividade e a consecução de seus objetivos, utilizando os recursos econômicos com parcimônia e modicidade. Isso é a materialização do princípio da eficiência.

— 2.2 —

Princípios constitucionais aplicados ao processo

A seguir, versamos sobre os princípios previstos na Constituição Federal de 1988 que incidem no âmbito processual, quais sejam, o princípio do devido processo legal e o princípio do contraditório e da ampla defesa.

— 2.2.1 —
Devido processo legal

Apesar de não constar a expressão *due process of law*, foi na Magna Carta das Liberdades – Magna Charta Libertatum – que essa garantia surgiu. Ela é reconhecida como o ato jurídico seminal do moderno princípio do devido processo legal. Foi em 15 de junho de 1215, ocasião em que o então Rei João Sem Terra ("John Lackland") – sofrendo forte pressão de seus nobres – reconheceu uma declaração de direitos que tinha como objetivo enfraquecê-lo e pôr fim a seu autoritarismo nas terras inglesas. Com a Magna Carta, sobreveio a intenção de manter os direitos dos súditos ao mesmo tempo que mitigava o poder do soberano. Exemplos são: o princípio da judicialidade, em que o súdito somente poderia ser preso por ordem judicial; também foi previsto no Diploma medieval o direito à liberdade de ir e vir, à propriedade privada e à razoável proporção entre a pena e o delito (Turbay Junior, 2012).

Desse conjunto de direitos é que se deduziu o princípio do devido processo legal. Com o passar do tempo, essa garantia foi se sedimentando na tradição inglesa até surgir no direito estadunidense na porção norte do território, primeiramente nas colônias e, depois, na federação mediante a Constituição norte-americana e sua Carta de Direitos (*The Bill of Rights*, de 1789). Desde então, suas cortes judiciais buscaram a mais adequada forma de aplicar a cláusula do *due process of law*. Em 1789, um de seus pais da pátria, James Madison (1751-1836), apresentou

Principiologia do processo administrativo

no congresso um rol de emendas que se consubstanciavam em regras para **limitação do poder** do governo federal e de **proteção dos direitos individuais** dos cidadãos estadunidenses, podendo desse rol ser deduzido o princípio do devido processo legal. No art. 5º da Carta de Direitos estadunidense assim consta:

> Ninguém poderá ser detido para responder por crime capital, ou por outra razão infame, salvo por denúncia ou acusação perante um grande júri, exceto em se tratando de casos que, em tempo de guerra ou de perigo público, ocorram nas forças de terra ou mar, ou na milícia, durante serviço ativo; ninguém poderá ser sujeito, por duas vezes, pelo mesmo crime, e ter sua vida ou integridade corporal postas em perigo; nem poderá ser obrigado em qualquer processo criminal a servir de testemunha contra si mesmo, nem poderá ser privado da vida, liberdade, ou propriedade, sem devido processo legal; nem a propriedade privada poderá ser expropriada para uso público, sem justa indenização. (Carta de Direitos, citada por Ramos, 2006, p. 265)

Outro marco importante ocorreu em 1868 – oportunidade em que entrou em vigor a Décima Quarta Emenda. Essa emenda passou a ser chamada de *Cláusula do Devido Processo Legal*, nos seguintes termos:

> Todas as pessoas nascidas ou naturalizadas nos Estados Unidos, e sujeitas à sua jurisdição, são cidadãs dos Estados Unidos e do Estado-membro onde residam. Nenhum Estado-membro

poderá fazer ou aplicar nenhuma lei tendente a abolir os privilégios ou as imunidades dos cidadãos dos Estados Unidos; nem poderá privá-los da vida, liberdade, ou propriedade, sem o devido processo legal; nem poderá denegar a nenhuma pessoa sob sua jurisdição igual proteção das leis. (Décima Quarta Emenda, citada por Ramos, 2006, p. 269)

Na história do direito brasileiro, no que concerne à garantia, no Império, não havia a expressão do devido processo legal, primeiro por não existir previsão escrita, positivada; segundo, e mais importante, porque a estrutura e a organização do Estado na época não prescreviam a existência de um Poder Judiciário independente.

No Brasil, já na esteira da Proclamação da República, com a redação da Constituição de 1891 – esta inspirada na Constituição norte-americana de 1787 –, mesmo não sendo prevista de modo evidente a cláusula do devido processo legal, os direitos individuais advieram no bojo da Carta como uma forma genérica de garantia dos indivíduos. Isso ensejou apenas da **ideia dedutiva** do devido processo legal, por meio da ampla defesa e da proibição da prisão sem caracterização de culpa (Turbay Junior, 2012). Além dos direitos individuais, a primeira Constituição republicana deu garantias ao Poder Judiciário – ainda que de modo tímido –, fazendo desse Poder o protetor dos direitos e aplicando indiretamente o princípio, muito embora as intenções inseridas no texto constitucional de 1891 não tenham se efetivado de maneira absoluta.

Principiologia do processo administrativo

Os textos constitucionais de 1934 e 1937 se inscreveram em um período autoritário, em que os direitos individuais não eram preocupação do Estado Novo na Era Vargas. Como consequência, não houve qualquer previsão do devido processo legal. Na redemocratização, com a Carta de 1946, foi previsto um capítulo para tratar dos direitos individuais; a despeito disso, ainda não estava entre eles expresso o devido processo legal. Tal constituição foi formulada com a injeção de ideias democráticas advindas do espírito da vitória das nações livres no pós-guerra – o que foi uma salutar influência para o reconhecimento do princípio.

A verdadeira porta de entrada do *due process of law* no direito brasileiro corresponde à disposição constitucional. Acerca desse fato, Marques (1968, p. 28) afirmou ao final da década de 1960: "no direito pátrio, está implícita entre as garantias constitucionais, a do chamado '*due process of law*' (ou 'devido processo legal') em face do que diz o art. 150, § 35, da Constituição do Brasil de 1967". A doutrina já reconhecia que o devido processo legal estava consagrado mesmo antes da Constituição Federal de 1988. Mas o referido princípio só teve redação expressa com esse nome na Constituição de 1988. Anteriormente, era aplicado com a ferramenta hermenêutica do direito comparado, em especial o direito norte-americano, que melhor o desenvolveu.

Atualmente, o princípio ora em foco é contemplado no art. 5º, inciso LIV, da Constituição Federal, que afirma que "ninguém será privado da liberdade ou de seus bens sem o devido processo legal" (Brasil, 1988). Convém repetir que a locução *devido processo legal* corresponde à tradução para o português da expressão *due process of law*. Isso significa que o processo há de estar em conformidade com o Direito e com a lei. De acordo com Jansen (2004), "o princípio do devido processo legal inicialmente tutelava especialmente o direito processual penal, mas já se expandiu para processual civil e até para o administrativo. Numa nova fase, invade a seara do direito material". Em suma, a todos é garantido um processo antes de qualquer decisão judicial.

O devido processo legal em **sentido processual** traduz-se no fato de que os procedimentos devem ser respeitados de acordo com regras estabelecidas, seja na investigação, seja na instrução e julgamento. O devido processo é um conjunto de atos preclusivos e coordenados, cumpridos em respeito à formalidade estabelecida e pelas partes envolvidas, principalmente quanto à competência do magistrado que julgará. Analisando a evolução do princípio do devido processo legal, seu conceito, bem como o sistema constitucional contemporâneo, é possível perceber que o princípio é aplicado conforme seu conceito formal. No sentido apenas processual, "para que alguém seja privado de sua liberdade ou de seus bens, o Estado **deve** respeitar o processo estabelecido pela lei com seus prazos, meios de defesa, os procedimentos, enfim, todos os instrumentos processuais estabelecidos como 'regra de jogo'" (Turbay Junior, 2012, grifo nosso).

Considerando sua origem, é razoável admitir que esse instituto surgiu como instrumento de defesa ou garantia dos direitos fundamentais na Magna Carta da Inglaterra, revestindo-se de

Principiologia do processo administrativo

forma expressa no direito estadunidense e em nossa Constituição Federal de 1988. Ele se presta ao objetivo de efetivamente resguardar direitos, tutelando a vida, a liberdade e a propriedade. Por fim, vale a pena salientar que o Supremo Tribunal Federal (STF) brasileiro decidiu, em alguns recursos extraordinários[4], que o devido processo legal também se aplica ao universo das **relações privadas**, especificamente para garantir a ampla defesa em procedimentos, como a exclusão de associados dos quadros de entidades privadas e de membros de conselhos de instituições.

— 2.2.2 —
Contraditório e ampla defesa

O princípio do contraditório e da ampla defesa está previsto na Constituição Federal, no art. 5º, inciso LV: "aos litigantes, em processo judicial ou administrativo, e aos acusados em geral são assegurados o contraditório e a ampla defesa, com os meios e recursos a ela inerentes" (Brasil, 1988). Esse dispositivo expressa a certeza de que ninguém sofrerá os efeitos de uma sentença sem ter sido parte do processo no qual ela foi prolatada, isto é, sem lhe haver sido garantida a possibilidade de efetiva participação na formulação de sua defesa.

O princípio deriva da tradução da antiga frase latina que, a rigor, vale como um alerta: *audi alteram partem* (ou *audiatur et altera pars*), que significa "ouvir o outro lado", ou "deixar

---

4   Recurso Extraordinário n. 158.215-RS; Recurso Extraordinário n. 201.819-RJ.

o outro lado ser ouvido também". Isso revela a necessidade da dualidade de partes que defendem posições opostas, porém, sem que o órgão decisório (tribunal) competente assuma posição no litígio, ou seja, deve apenas julgar imparcialmente com base nas alegações dos litigantes e nos documentos acostados aos autos. Núñez Novo (2019) afirma:

> Assim, o princípio do contraditório é um corolário do princípio do devido processo legal, e significa que todo acusado terá o direito de resposta contra a acusação que lhe foi feita, utilizando, para tanto, todos os meios de defesa admitidos em direito.
>
> Pelo princípio do contraditório tem-se a proteção ao direito de defesa, de natureza constitucional, conforme consagrado no artigo 5º, inciso LV: "aos litigantes, em processo judicial ou administrativo, e aos acusados em geral são assegurados o contraditório e ampla defesa, com os meios e recursos a ele inerentes".

No direito processual, a ampla defesa tem correlação com o princípio do contraditório, sendo dever do Estado facultar à parte a possibilidade de elaborar sua completa defesa contra a imputação que lhe foi realizada. A bem da verdade, os dois princípios derivam de um terceiro, ainda mais elementar, que é o da igualdade (ou paridade) de armas, ou **isonomia processual**. Como em qualquer processo, as partes litigantes têm de estar equidistantes do juízo, estar em pé de igualdade, pois a outra poderá contraditar tudo o que uma parte afirma. Do mesmo modo, toda prova deferida para um tem de ser deferida para outro.

Embora diferentes em conceitos, esses dois princípios se completam, contribuindo para o surgimento da singular verdade que interessa para o processo: a **verdade processual válida**. Quando essa verdade aparece de modo definitivo (e isso acontece com a coisa julgada), já não mais importa a simples discussão das partes ou mesmo a opinião pública.

No direito processual civil, o princípio tem alguns fundamentos próprios. Os litigantes do processo devem saber de tudo o que nele ocorre. Portanto, inicialmente, quando o autor exerce seu direito de ação, o réu tem o direito de ser informado sobre a existência do processo. Também é preciso permitir que ambas as partes se manifestem no processo, de modo a apresentar, respectivamente, suas razões e pretensões. Cumpridas tais condições, as partes podem influenciar e persuadir o juiz, observando as regras razoáveis, para que obtenham decisão favorável. No CPC (Brasil, 2015a), o princípio está previsto no art. 7º, em que se assegura às partes paridade de tratamento no que concerne ao exercício de direitos e faculdades processuais, aos meios de defesa, aos ônus, aos deveres e à aplicação de sanções processuais, competindo ao juiz zelar pelo efetivo contraditório. Não observada essa paridade, o art. 115 do CPC determina a nulidade da sentença, o que revela, então, a relevância desse princípio (Núñez Novo, 2019).

O princípio também alcança ampla dimensão no processo penal, pois ao acusado que não queira apresentar defesa, obrigatoriamente, tem de ser nomeada defesa técnica. Nesse sentido, o art. 261 do CPP (Brasil, 1941b) determina que nenhum acusado, ainda que ausente ou foragido, será processado ou julgado sem advogado que o defenda. Assim, além do direito de informação do processo que corre contra si, o réu tem o direito de **participação** nos autos, mesmo que permaneça inerte. A importância é tanta que é prevista a possibilidade de destituição do defensor no Tribunal do Júri caso o acusado seja considerado indefeso, por exemplo, por inépcia daquele – conforme prescreve o art. 497, inciso V, do CPP (Núñez Novo, 2019).

Renato Brasileiro (citado por Núñez Novo, 2019) alerta que, em razão do princípio do contraditório, "a palavra prova só pode ser usada para se referir aos elementos de convicção produzidos, em regra, no curso do processo judicial e, por conseguinte, com a necessária participação dialética das partes, sob o manto do contraditório e da ampla defesa". Portanto, se não há a participação de todos os sujeitos do processo, os elementos produzidos no **inquérito** não podem servir isoladamente de fundamento para embasar a condenação (Núñez Novo, 2019).

No processo civil, há uma faculdade às partes de se manifestarem ou não. Em outras palavras, elas podem, se assim preferirem, permanecer inertes. No processo penal, é diferente, e o instituto obriga que o réu seja defendido em qualquer hipótese. Não só isso, mas, como visto, a defesa deve lançar mão de boas fundamentações, sob pena de ser substituída (Núñez Novo, 2019).

Principiologia do processo administrativo

No que diz respeito ao processo administrativo, esses princípios constam expressamente no *caput* do art. 2º da Lei n. 9.784/1999. A Administração Pública, então, deve obedecer, entre outros, aos princípios de legalidade, finalidade, motivação, razoabilidade, proporcionalidade, moralidade, ampla defesa, contraditório, segurança jurídica, interesse público e eficiência. O direito do interessado de conhecer as alegações da outra parte para poder contradizê-las é o que se chama de *contraditório*. Advém da ampla defesa o direito de argumentar antes da tomada de decisão, de ter acesso aos autos do processo, de fotocopiá-lo, de solicitar produção de provas, de interpor recursos administrativos se for o caso. Os temas do contraditório e da ampla defesa no processo administrativo serão retomados adiante de modo pormenorizado em capítulo próprio.

— 2.3 —

Princípios específicos da Lei de Processo Administrativo

Os princípios específicos do processo administrativo foram relacionados pelo legislador no art. 2º da Lei de Processo Administrativo – Lei n. 9.784/1999[5]. Como os princípios da legalidade, da moralidade e da eficiência, de que trata o dispositivo

---

5   Lei n. 9.784/1999: "Art. 2º A Administração Pública obedecerá, dentre outros, aos princípios da legalidade, finalidade, motivação, razoabilidade, proporcionalidade, moralidade, ampla defesa, contraditório, segurança jurídica, interesse público e eficiência" (Brasil, 1999a).

Principiologia do processo administrativo

legal, já foram analisados, assim como princípios da ampla defesa e do contraditório, passamos ao exame dos demais princípios expressos na letra da lei e de alguns outros relevantes.

— 2.3.1 —
Princípio da finalidade

O princípio da finalidade exige que o ato seja praticado sempre com finalidade pública de atender a objetivos e imperativos aos quais a Administração Pública está submetida. Para alguns doutrinadores, é um subprincípio do princípio da impessoalidade, previsto no art. 37 da Constituição Federal; para outros, é um desdobramento ou uma consequência. Todo ato administrativo, necessariamente, precisa ter um objetivo, uma finalidade, que é o bem jurídico colimado e que deve ser de interesse público estabelecido em seu regramento escrito – o que se constitui na premissa do princípio da finalidade.

Também a autoridade precisa ser legitimada e competente para a prática do ato. Assim, a competência funcional do agente e a finalidade são pressupostos que legitimam o ato administrativo, e sua ausência pode tornar o ato administrativo inexistente. A prática de ato administrativo por agente público incompetente pode ser caracterizada como excesso ou abuso de poder. Ainda que o agente público tenha competência para praticar determinado ato administrativo, deve visar ao benefício da coletividade e, por corolário, observar os demais princípios que regem a Administração.

— 2.3.2 —
Princípio da motivação

O motivo do ato administrativo é consubstanciado pelo fato de natureza jurídica que autoriza ou exige a sua emissão. Sob esse aspecto e com vistas ao exame da validade do ato administrativo, o motivo pode ser: **legal** (ou pressuposto de direito) ou **fático** (ou pressuposto de fato). O motivo jamais pode ser confundido com a intenção do agente que emitirá o ato, e este é considerado motivado quando nele se encontra expresso seu motivo. É elemento fundamental à sua formalização, pois diz respeito a seu revestimento exterior (França, 2017).

Bem salienta França (2017) que,

> além dessa dimensão formal, a motivação do ato administrativo também tem uma dimensão substancial. Sob essa perspectiva, a motivação é o meio que torna possível a recondução do ato administrativo a um parâmetro jurídico que o torne compatível com as normas jurídicas vigentes. Ela permite traçar um laço de validade entre o ato administrativo e o sistema do Direito Positivo.

> Mas a motivação do ato administrativo não se confunde com o percurso psicológico ou lógico realizado pelo agente público ao decidir emiti-lo, sendo impossível reconstituí-lo integralmente mediante a linguagem. Mostra-se mais relevante constatar se houve ou não a motivação, assim como o que efetivamente consta da fundamentação agregada ao ato administrativo.

Principiologia do processo administrativo

No Estado democrático de direito, é natural que os atos jurídicos do poder estatal sejam motivados para que possam ser compreendidos e, caso seja necessário, contestados (França, 2017). No que se refere a atos administrativos, a necessidade de motivação verifica-se, entre outros, nos seguintes enunciados da CF/1988: art. 93, inciso X, que menciona que as decisões administrativas dos tribunais serão motivadas e em sessão pública, sendo as disciplinares tomadas pelo voto da maioria absoluta de seus membros; art. 121, parágrafo 2º, que prevê que os juízes dos tribunais eleitorais, salvo motivo justificado, servirão por dois anos, no mínimo, e nunca por mais de dois biênios consecutivos, sendo os substitutos escolhidos na mesma ocasião e pelo mesmo processo, em número igual para cada categoria; art. 169, parágrafo 4º, que trata da despesa com pessoal por parte da Administração Pública federal e estabelece que "o servidor estável poderá perder o cargo, desde que ato normativo motivado de cada um dos Poderes especifique a atividade funcional, o órgão ou unidade administrativa objeto da redução de pessoal" (Brasil, 1988). Nesses exemplos, o ato obrigatoriamente tem de ser motivado por força do texto legal.

Na esfera jurídica da Administração Pública Federal, a motivação do ato administrativo encontra prescrição mais efetiva no citado art. 2º, *caput*, parágrafo único, inciso VI, da LPA – que expressa a obrigatoriedade de se indicar os **pressupostos de fato e de direito** que determinam a decisão (França, 2017). A mesma

Principiologia do processo administrativo

lei aponta, em seu art. 38, parágrafo 2º, que, na instrução do processo administrativo, somente poderão ser recusadas, **mediante decisão fundamentada**, as provas propostas pelos interessados quando sejam ilícitas, impertinentes, desnecessárias ou protelatórias. E o mesmo diploma apresenta em ser art. 50 – possivelmente uma das passagens mais minuciosas da legislação brasileira acerca do princípio da motivação processual –, o qual prevê que os atos administrativos deverão ser motivados, com indicação dos fatos e dos fundamentos jurídicos, quando neguem, limitem ou afetem direitos ou interesses; que imponham ou agravem deveres, encargos ou sanções; que decidam processos administrativos de concurso ou seleção pública; que dispensem ou declarem a inexigibilidade de processo licitatório; que decidam recursos administrativos; que decorram de reexame de ofício de decisões; e que deixem de aplicar jurisprudência firmada sobre a questão ou discrepem de pareceres, laudos, propostas e relatórios oficiais e que importem anulação, revogação, suspensão ou convalidação de ato administrativo. Ainda, o parágrafo 1º do art. 50 reforça a efetividade do princípio ao prescrever que a motivação deve ser explícita, clara e congruente, podendo consistir em declaração de concordância com fundamentos de anteriores pareceres, informações, decisões ou propostas, que, nesse caso, integrarão o ato.

Cabe ressaltar que a motivação do ato administrativo deve ocorrer sob pena de sua invalidade. A motivação é necessária para que o administrado tenha conhecimento dos elementos fáticos e jurídicos que amparam os atos, sejam aqueles que

– 53 –

Principiologia do processo administrativo

atinjam diretamente os próprios direitos individuais, sejam aqueles que envolvam direitos coletivos e difusos.

Sobre o tema, França (2017) ressalta:

> Mediante o exame da fundamentação do ato administrativo, naturalmente se viabiliza um melhor controle de sua juridicidade, aspecto essencial ao Estado Democrático de Direito. Afinal, uma vez expostas as razões de fato e de direito do ato administrativo, o administrado tem a oportunidade de compreendê-lo e de impugná-lo de modo mais eficiente. Ademais, se o administrado é obrigado a expor os fundamentos de sua irresignação quando no exercício do direito de petição, é justo que se espere igual dever para a Administração Pública ao apreciar o pedido que lhe foi formulado.
>
> Não deixa igualmente de haver relação entre o acesso ao motivo do ato e o direito do administrado de receber informações de seu interesse particular ou de interesse público perante a Administração.
>
> Também se mostra nítida a relevância da motivação do ato administrativo para a efetividade do devido processo legal. O manejo da garantia fundamental da ampla defesa no processo administrativo ganhar maior concretude quando o administrado tem acesso aos pressupostos de fato e de direito do ato administrativo que atingiu a sua esfera jurídica.
>
> Convém acrescentar que a motivação não deixa de ser um instrumento de legitimação política do ato administrativo, por meio do qual a Administração Pública demonstra a sua imperatividade (ou compatibilidade) em face do interesse do povo e da legislação em vigor.

Nesse contexto, resta claro que a exigência de motivação amplia qualitativamente a publicidade do ato e da atividade da Administração, de modo a evitar a violação dos princípios da isonomia e da impessoalidade. Por essa obrigatoriedade, sobre a Administração recai o dever de ponderar os interesses públicos e privados envolvidos no ato. Ainda que a lei seja omissa quanto à obrigatoriedade da motivação do ato, isso não afasta o dever jurídico de a Administração motivá-lo.

Por fim, salientamos que, se os atos administrativos jurisdicionais devem ser fundamentados, não faz sentido dispensar o Poder Executivo desse dever. Isso porque o dever está associado à efetivação de valores relevantes para o regime jurídico-administrativo. Consequentemente, observa-se a obrigatoriedade da motivação como princípio constitucional implícito do regime jurídico-administrativo, com fulcro nos dispositivos da Constituição Federal.

— 2.3.3 —
Razoabilidade e proporcionalidade

Razoabilidade e proporcionalidade são princípios muito semelhantes e de tênue distinção, pois ambos expressam a ideia de que atos desproporcionais são ilegais e pouco razoáveis. O princípio da razoabilidade está expresso no art. 2º, parágrafo único, inciso VI, da LPA. O dispositivo estabelece que, nos processos administrativos, serão observados, entre outros, os critérios de adequação entre meios e fins, vedada a imposição de obrigações,

Principiologia do processo administrativo

restrições e sanções em medida superior àquelas estritamente necessárias ao atendimento do interesse público.

Costumam-se assumir duas acepções da expressão jurídica da razoabilidade. A primeira é empregada como equidade, ou seja, exige a adequação das normas gerais com as peculiaridades do caso concreto, ao mostrar em qual perspectiva a norma deve ser aplicada. A segunda toma a razoabilidade como balizadora para uma congruência da norma com o âmbito ao qual ela faz referência, uma vez que não seria conveniente buscar normas de sistemas muito distantes daquele ao qual pertence o caso concreto – a analogia tem um limite, e esse limite é o razoável. A seguir, detalhamos essas acepções.

Na primeira acepção – a de **equidade** – a razoabilidade demanda uma congruência da norma geral com o caso concreto. Ela impõe, na aplicação das normas, que seja levado em conta aquilo que normalmente acontece no mundo dos fatos. Na aplicação do direito, é razoável crer que as pessoas expressam a verdade e suas ações são dotadas de boa-fé. Na interpretação das normas, há de se presumir o que realmente acontece, e não o inusitado. A razoabilidade comporta-se como um instrumento racional para determinar que as circunstâncias fáticas devam ser consideradas partindo-se do pressuposto de que estão em um universo normal – ou seja, o ceticismo em excesso pouco ajuda.

A razoabilidade age na interpretação dos fatos; exige certa interpretação como meio de preservar a eficácia dos demais princípios. Interpretação diversa das circunstâncias de fato levaria ao arbítrio e à injustiça. Esse princípio requer, também, que

Principiologia do processo administrativo

se leve em conta o aspecto individual do caso nas situações em que ele esteja distante da generalização que a lei, em regra, estabelece. Ademais, auxilia na interpretação das regras gerais como decorrência do ímpeto de justiça, que é o grande mote da operação do direito.

Na segunda acepção – a **razoabilidade como congruência** – considera-se tal princípio harmonizador das normas com suas condições externas de aplicação. Os princípios constitucionais em um Estado de direito e com a garantia do devido processo legal impedem a promanação de razões arbitrárias e a subversão dos procedimentos legalmente instituídos. Para a aplicação da razoabilidade, não pode haver distância entre a realidade concreta e a realidade do ordenamento jurídico existente. Exemplo disso seria a intenção de aplicar certa norma gerada em determinado contexto social, mas que, por mudança das circunstâncias, não mais tem razão para aplicação. Ora, trata-se de analisar a relação que há entre critério e medida. A razoabilidade como dever de congruência do geral com o individual – na acepção de dever de equidade – comporta-se como um instrumento para determinar que os fatos devam ser considerados com a presunção de que estão em uma condição de normalidade.

Retomando a distinção entre a **razoabilidade** e a **proporcionalidade** – diferenciação muito tênue e quase imperceptível –, podemos assumir que a primeira demanda uma relação de equivalência entre a medida adotada e o critério que a dimensiona, ao passo que a proporcionalidade exige a relação de causalidade entre meio e fim, de maneira que, adotando-se o meio,

– 57 –

alcança-se o fim. A proporcionalidade também é compreendida como forma de sopesamento entre dois ou mais princípios que estejam eventualmente em conflito, na medida em que determina, em cada caso, qual deve prevalecer. É comum empregá-la, por exemplo, para solucionar questões entre o interesse público e os direitos individuais.

— 2.3.4 —

Segurança jurídica

Segundo o jurista austríaco Hans Kelsen (1991), o princípio do Estado de direito é, essencialmente, a materialização do princípio da segurança jurídica. Para o autor da *Teoria pura do direito*, o Estado de direito se traduz em vincular a decisão dos casos concretos a normas gerais, "criadas de antemão por um órgão legislativo central, também pode ser estendido, de modo consequente, à função dos órgãos administrativos" (Kelsen, 1991, p. 269). No entendimento de Hans Kelsen, é possível inferir que o princípio da segurança jurídica é essencialmente o princípio do Estado de direito. O jurista português Gomes Canotilho (2000, p. 256) considera a segurança jurídica como um dos elementos constitutivos do Estado de direito, conforme segue:

> O homem necessita de segurança para conduzir, planificar e conformar autônoma e responsavelmente a sua vida. Por isso, desde cedo se consideravam os princípios da segurança

Principiologia do processo administrativo

jurídica e da proteção à confiança como elementos constitutivos do Estado de direito.

Esse princípio tem por meta assegurar a **estabilidade das relações** já efetivadas ante as evoluções do direito, tanto na produção normativa quanto na jurisprudencial. Ele tem diversas aplicações, como proteção ao direito adquirido, ao ato jurídico perfeito e à coisa julgada. Ademais, é fundamento dos institutos da prescrição e da decadência, evitando, por exemplo, a aplicação de sanções administrativas após o transcurso de vários anos da ocorrência do fato ou ato irregular. Tal princípio também é base para a edição das súmulas vinculantes dos tribunais, buscando pôr fim a controvérsias entre os órgãos judiciários ou entre estes e a Administração Pública. Isso é importante porque tais polêmicas podem acarretar grave insegurança jurídica e relevante multiplicação de processos sobre questão idêntica, na forma do que prescreve o art. 103-A, parágrafo 1º, da Constituição Federal.

No *caput* do art. 2º da LPA – uma versão ampliada do rol constante no art. 37 da Constituição Federal –, a segurança jurídica se apresenta entre os princípios a que está submetida a Administração. O inciso XIII do parágrafo único do art. 2º da LPA determina que a Administração deve obedecer ao critério da "interpretação da norma administrativa da forma que melhor garanta o atendimento do fim público a que se dirige, vedada aplicação retroativa de nova interpretação" (Brasil, 1999a). Portanto, o comando normativo veda a aplicação de nova interpretação da

Principiologia do processo administrativo

norma a fatos passados. O art. 54 da mesma lei instituiu prazo preclusivo (ou decadencial) do direito de a Administração invalidar seus próprios atos dos quais possam decorrer efeitos que beneficiaram os destinatários. O prazo fixado é de cinco anos – contados da data em que foram praticados, exceto em caso de comprovada má-fé. Para efeitos de ordem patrimonial, aponta o parágrafo 1º que o "prazo de decadência contar-se-á da percepção do primeiro pagamento" (Brasil, 1999a). O princípio da segurança jurídica dá fundamento à preservação dos efeitos do ato que tenham atingidos os terceiros de boa-fé, isto é, aqueles que agiram dentro da legalidade (Patriota, 2017).

— 2.3.5 —
Supremacia do interesse público

O princípio da supremacia do interesse público sobre o interesse privado confunde-se com a própria natureza do Direito Administrativo. Tal princípio aparece positivado em várias normas brasileiras. Trata-se, a rigor, da grande prerrogativa de atuação da Administração Pública. Dessa forma, em eventual conflito entre o interesse de um particular e o interesse público, este prevalece em relação àquele, razão pela qual é considerado um princípio fundamental do regime jurídico administrativo. Está presente tanto na ocasião de elaboração da lei quanto na aplicação em concreto pela autoridade administrativa (Patriota, 2016).

Principiologia do processo administrativo

A aplicação do princípio da supremacia do interesse público sobre o interesse privado pode ser verificada em vários exemplos, conforme Patriota (2016) pontua. O primeiro refere-se aos atributos de atos administrativos, tais como a presunção de veracidade e imperatividade. Essa supremacia é verificada também nas cláusulas exorbitantes nos contratos administrativos, em que é possível se alterar ou fazer a rescisão unilateral do contrato; no exercício do poder de polícia, em que se busca a preservação do interesse geral por meio da imposição de condicionamentos e limitações ao exercício da atividade privada. Por fim, tal princípio é exercido nas formas de intervenção do Estado na propriedade privada, entre elas desapropriação, servidão administrativa, ocupação temporária e tombamento de imóvel de valor histórico.

Alertamos que, nas situações em que a Administração não atuar diretamente para a consecução do interesse público, não lhe é permitido invocar o princípio da supremacia. Contudo, ainda nessas circunstâncias – quando não são impostas obrigações ou restrições aos cidadãos –, os atos administrativos revestem-se de características próprias do direito público, como a presunção de legitimidade.

— 2.3.6 —
Formalismo moderado

O formalismo moderado é também chamado inapropriadamente de *princípio do informalismo*. Consiste na adoção de formas procedimentais mais simples, deixando de lado certos purismos formalistas a fim de, assim, revestir-se de uma acepção mais informal em relação aos processos judiciais. É preciso cautela para interpretar esse princípio, de modo a não incorrer em falta de cuidado com a condução do processo, havendo a obrigação de se cumprir os preceitos legais estabelecidos, com vistas a evitar nulidades processuais. Ele é uma espécie de **derivação do princípio da eficiência**.

Ao examinar o princípio em questão, nota-se que ele deriva de uma disposição jurídica firmada em processos criminais contemporâneos. Segundo essa disposição, deve-se atenuar a severidade formalizada por meio do princípio *pas de nullité sans grief* (ou "não há nulidade sem prejuízo"), propiciando o reconhecimento da ausência de nulidade – obviamente, se tal não gerar prejuízo. Isso porque, para ser declarado nulo, o ato necessita causar prejuízo às partes, um nexo efetivo e concreto.

Nessa perspectiva, destacamos a lição de Meirelles (2004, p. 662-663): "o processo administrativo deve ser simples, despido de exigências formais excessivas, tanto mais que a defesa pode ficar a cargo do próprio administrado, embora nem sempre familiarizado com os meandros processuais". Logo, o objetivo primordial do princípio do formalismo moderado é **agir**

Principiologia do processo administrativo

em favor do administrado. Em síntese, tal princípio se traduz na preferência por ritos e formas processuais acessíveis e descomplicadas, salvaguardando sempre os elementos essenciais do processo, mas sem incorrer nas excessivas informalidades que podem ser danosas às partes. O propósito é proporcionar o prosseguimento dos atos processuais de modo fluido e eficaz, sem prejuízo do interesse público.

O princípio do formalismo moderado aparece em várias leis ordinárias editadas posteriormente à Constituição de 1988, as quais podem e devem ser aplicadas, entre elas a Lei n. 8.112, de 11 de dezembro de 1990 (Brasil, 1991a) e a Lei de Processo Administrativo. Ademais, tal princípio vem regulamentando e ampliando várias decisões jurisprudenciais, pareceres e orientações dos demais órgãos de controle.

Conforme declaramos no Capítulo 1, a Lei n. 8.112/1990, em seu art. 2º, determina que a Administração Pública obedecerá, entre outros, aos princípios da legalidade, da finalidade, da motivação, da razoabilidade, da proporcionalidade, da moralidade, da ampla defesa, do contraditório, da segurança jurídica, do interesse público e da eficiência. E o inciso VIII do parágrafo único do mesmo artigo afirma que, nos processos administrativos, serão observados, entre outros, os critérios de: "VIII – observância das formalidades essenciais à garantia dos direitos dos administrados" (Brasil, 1991a). Por sua vez, no inciso IX, o dispositivo atesta a adoção de formas simples, suficientes para propiciar adequado grau de certeza, segurança e respeito aos direitos dos administrados. A LPA, em seu art. 22, prevê que "os atos do processo administrativo não dependem de forma determinada senão quando a lei expressamente a exigir" (Brasil, 1999a).

— 2.3.7 —
Princípio da pluralidade de instâncias

Esse princípio equivale ao que, no processo judicial, é denominado *duplo grau de jurisdição*. Trata-se da garantia segundo a qual as decisões estão submetidas a revisões ou modificações por instâncias administrativas superiores. Seu fundamento é o princípio da verdade material. Por essa razão, a contrário senso do judicial, o processo administrativo admite a produção de novas provas, outras arguições e alegações, e reexame dos fatos.

O princípio da pluralidade das instâncias está positivado no art. 56 da LPA, por meio do pedido de reconsideração, recurso hierárquico e revisão administrativa. Afinal, o cidadão que se sentir prejudicado em consequência de decisão administrativa pode interpor sucessivos recursos hierárquicos até atingir a autoridade máxima da respectiva organização administrativa. Só não há a possibilidade de pluralidade de instâncias quando a decisão parte da autoridade máxima – hipótese em que cabe somente o pedido de reconsideração. Caso este não seja atendido, resta ao interessado procurar via judicial. Em outras palavras, a parte insatisfeita pode interpor recurso enquanto houver instância hierárquica mais elevada no âmbito da Administração.

Principiologia do processo administrativo

— 2.3.8 —
Verdade material

A verdade material trata-se de uma derivação, no âmbito do processo administrativo, do princípio surgido no Direito Processual Penal, denominado *princípio da verdade real.* Sobre o tema, afirma Meirelles (2012, p. 581):

> O princípio da verdade material, também denominado de liberdade na prova, autoriza a administração a valer-se de qualquer prova que a autoridade julgadora ou processante tenha conhecimento, desde que a faça trasladar para o processo. É a busca da verdade material em contraste com a verdade formal. Enquanto nos processos judiciais o Juiz deve cingir-se às provas indicadas no devido tempo pelas partes, no processo administrativo a autoridade processante ou julgadora pode, até o julgamento final, conhecer de novas provas, ainda que produzidas em outro processo ou decorrentes de fatos supervenientes que comprovem as alegações em tela.

Esse princípio consiste em orientar a Administração no dever de buscar "a verdade", em vez de se restringir ao que as partes apresentam no procedimento. O importante no procedimento administrativo, independentemente do que conste nos autos, é a Administração empenhar-se em buscar a verdade material.

A apresentação de provas e a aplicação do conteúdo desse princípio estão fortemente imbricados no processo administrativo. A verdade material apresenta aquilo que seria a "versão

Principiologia do processo administrativo

legítima dos fatos", independentemente do juízo que as partes tenham. A prova há de ser considerada à exaustão – sendo, por evidente, asseguradas todas as garantias e prerrogativas constitucionais ao processado. Afinal, a jurisdição administrativa tem uma dinâmica processual bastante diferente daquela que é própria do Poder Judiciário.

No que se refere às provas, é necessário que sejam buscadas independentemente da intenção tática e estratégica das partes, pois somente dessa forma será possível garantir um julgamento imparcial.

Entretanto, há de se fazer uma importante ressalva acerca desse princípio: o julgador atua de modo automático (ou seja, de ofício) no sentido de trazer as provas aos autos, muito embora a busca da verdade material não o autorize a substituir por completo os interessados na produção de provas. Esse princípio deve ser usado com a devida parcimônia para evitar possíveis abusos do agente que decidirá, assim como eventual nulidade.

— 2.3.9 —
Princípio da celeridade

O princípio da celeridade está disposto no inciso LXXVIII do art. 5º da Constituição Federal, que contém a seguinte redação: "a todos, no âmbito judicial e administrativo, são assegurados a razoável duração do processo e os meios que garantam a celeridade de sua tramitação" (Brasil, 1988). Esse inciso deu ao princípio da celeridade o *status* de norma supralegal. O conteúdo desse princípio remete ao intuito de finar o processo no menor tempo possível, ou seja, está diretamente ligado ao direito de se ter uma **razoável duração do processo administrativo**. Salienta-se que esse direito tem imediata aplicação – em virtude do disposto no parágrafo 1º do art. 5º do texto constitucional. Por se tratar de um direito fundamental, não é prudente que se condicione sua aplicação a atos legislativos posteriores.

Importa ressaltar que o direito à razoável duração do processo administrativo está inserido, ainda que indiretamente, no art. 37 da Constituição Federal, quando este estabelece que a **eficiência** é um dos princípios da Administração Pública. Está implícita ali uma ideia de rapidez e simplicidade, sem delongas e postergações que obstem o cumprimento da finalidade do processo, qual seja, o derradeiro ato decisório. Em razão disso é que o princípio se fez constar no art. 2º da LPA. Carvalho Filho (2005, p. 60-61) afirma que a celeridade é o sentido dado à eficiência quando aplicado no processo administrativo:

> No processo administrativo, o princípio da eficiência há de consistir na adoção de mecanismos mais céleres e mais convincentes para que a Administração possa alcançar efetivamente o fim perseguido através de todo o procedimento adotado. Exemplificamos com o aspecto relativo à produção de provas (arts. 29 a 47). É necessário dar cunho de celeridade e eficiência nessa fase, com a utilização de computadores, com a obtenção de documentos pelas modernas vias da informática e,

Principiologia do processo administrativo

por que não dizer, por gravações de depoimentos para minorar o gasto do tempo que ocorre nessas ocasiões. A eficiência é, pois, antônimo de morosidade, lentidão, desídia. A sociedade de há muito deseja rapidez na solução das questões e dos litígios, e para tanto cumpre administrar o processo administrativo com eficiência.

Não há dúvida da proximidade entre a eficiência e o direito fundamental à duração razoável do processo. A celeridade não invalida direitos sob a forma de protelação de atos processuais. Nesse ponto, destacamos a decisão[16] do Superior Tribunal de Justiça (STJ), anterior à Emenda Constitucional n. 45, de 30 de dezembro de 2004 (Brasil, 2004a), a qual já dispunha sobre o fato de a mora ou omissão administrativa importar em violação aos princípios da eficiência e da razoabilidade. A preocupação com o processo administrativo é recente, ou seja, posterior à CF/1988 e à LPA. O iter processual até o provimento final se estende por determinado tempo e poderia ser comparado ao ciclo de vida formado por nascimento, desenvolvimento e morte.

---

6   STJ, MS n. 9.420/DF: "ADMINISTRATIVO. MANDADO DE SEGURANÇA. ANISTIA POLÍTICA. ATO OMISSIVO DO MINISTRO DE ESTADO ANTE A AUSÊNCIA DE EDIÇÃO DA PORTARIA PREVISTA NO § 2º DO ART. 3º DA LEI 10.559/2002. PRAZO DE SESSENTA DIAS. PRECEDENTE DO STJ. CONCESSÃO DA ORDEM. [...] Entretanto, em face do princípio da eficiência (art. 37, *caput*, da Constituição Federal), não se pode permitir que a Administração Pública postergue, indefinidamente, a conclusão de procedimento administrativo, sendo necessário resgatar a devida celeridade, característica de processos urgentes, ajuizados com a finalidade de reparar injustiça outrora perpetrada. Na hipótese, já decorrido tempo suficiente para o comprimento das providências pertinentes – quase dois anos do parecer da Comissão de Anistia –, tem-se como razoável a fixação do prazo de 60 (sessenta) dias para que o Ministro de Estado da Justiça profira decisão final do processo administrativo, como entender de direito. Precedente desta Corte. 4. Ordem parcialmente concedida" (Brasil, 2004b).

Principiologia do processo administrativo

A morte do processo ocorre com o provimento decisório definitivo. Não se pode supor, é verdade, que um processo tenha um fim imediato. O processo implica a sucessão e a concatenação de atos. De outra banda – embora o processo não tenha como objetivo dar uma resposta imediata ao interessado acerca de suas pretensões –, não é possível admitir que a resposta seja dada com imensa demora ou, o que é ainda pior, não seja dada. Faz-se necessário compatibilizar o exercício do contraditório e da ampla defesa com a razoável expectativa da resposta processual. Por isso, é assaz importante fixar um equilíbrio entre a celeridade do processo e a observância dos direitos processuais do interessado.

Capítulo 3

Lei de Processo Administrativo: estrutura

A Lei de Processo Administrativo (LPA) – Lei n. 9.784, de 29 de janeiro de 1999 (Brasil, 1999a) – é a **norma geral** de processo administrativo para o âmbito federal e se aplica à Administração direta ou indireta, dos poderes Executivo, Legislativo e Judiciário. Ela exerce influência nos diversos procedimentos administrativos, inclusive para os específicos[1]. Entretanto, seu art. 69 reconhece que os procedimentos específicos são regidos por suas próprias leis, razão pela qual as regras da LPA têm **aplicação subsidiária**; ou seja, naquilo que a lei específica for omissa, cabe à LPA resolver se for possível.

— 3.1 —

Direitos e obrigações dos administrados

Os direitos e as obrigações dos administrados (dos cidadãos fora do Estado) estão previstos nos arts. 3º e 4º da LPA. Trata-se de rol facilmente inteligível e que dispensa qualquer explicação mais profunda. Segundo o art. 3º da LPA, sem prejuízo de outros que

---

1 São exemplos de leis que já têm estrutura processual especial: o Decreto n. 70.235/1972 (dispõe sobre o processo administrativo fiscal, regendo o processo administrativo de determinação e exigência dos créditos tributários da União e o de consulta sobre a aplicação da legislação tributária federal); Lei n. 9.503/1997 (Código de Trânsito Brasileiro, que conta com um conteúdo processual administrativo e acha-se prescrito nos arts. 280 a 290 da lei. Ali está a estrutura do processo de defesa e recurso contra a aplicação de uma multa de trânsito); a Lei n. 8.666/1993 (Lei de Licitações e Contratos Administrativos, que regulamenta o art. 37, inciso XXI, da Constituição Federal e institui normas para licitações e contratos da Administração Pública, sendo tal tema objeto da especialidade própria do Direito Administrativo).

Lei de Processo Administrativo: estrutura

lhe sejam assegurados, administrados são dotados dos seguintes **direitos** perante a Administração Pública:

I – ser tratado com respeito pelas autoridades e servidores, que deverão facilitar o exercício de seus direitos e o cumprimento de suas obrigações;

II – ter ciência da tramitação dos processos administrativos em que tenha a condição de interessado, ter vista dos autos, obter cópias de documentos neles contidos e conhecer as decisões proferidas;

III – formular alegações e apresentar documentos antes da decisão, os quais serão objeto de consideração pelo órgão competente;

IV – fazer-se assistir, facultativamente, por advogado, salvo quando obrigatória a representação, por força de lei. (Brasil, 1999a)

Já o rol dos **deveres** do art. 4º da LPA estabelece os seguintes, sem prejuízo de outros constantes em atos normativos diversos:

I – expor os fatos conforme a verdade;

II – proceder com lealdade, urbanidade e boa-fé;

III – não agir de modo temerário;

IV – prestar as informações que lhe forem solicitadas e colaborar para o esclarecimento dos fatos. (Brasil, 1999a)

— 3.2 —
Legitimidade postulatória

A legitimidade postulatória aplica-se às pessoas que efetivamente têm interesse em dar início ao processo. De acordo com os arts. 9º e 10º da LPA, são os legitimados no processo administrativo as pessoas físicas ou jurídicas que o iniciem como titulares de direitos ou interesses individuais ou no exercício do direito de representação. Também são legitimados aqueles que, embora não tenham iniciado o processo, são titulares de direitos ou interesses que possam ser afetados pela decisão a ser adotada. Ainda, há a possibilidade de figurar no processo e integrá-lo até mesmo terceiros que tenham efetivo interesse. Contudo, assinalamos, essa não é a regra. Tal hipótese tem de ser analisada concretamente em cada caso. Ademais, têm legitimidade as organizações e as associações representativas – no que se refere a direitos e interesses coletivos. Exemplo dessas associações seriam os sindicatos, que defendem interesses de sua coletividade filiada e identificável.

Legitimadas também são as associações e as agremiações juridicamente constituídas quanto a direitos ou interesses difusos. Nesse caso, trata-se de interesses de pessoas não identificáveis, mas que atingem toda a coletividade.

São capazes, para fins de processo administrativo, os maiores de 18 anos, ressalvada previsão especial em ato normativo próprio. Ainda, convém mencionar que, reconhecida a legitimidade de parte, a Lei n. 12.008, de 29 de julho de 2009 (Brasil,

2009a), reconhece algumas **prioridades** entre esses legitimados, aplicáveis em qualquer órgão ou instância. Gozam desse privilégio as pessoas com idade igual ou superior a 60 anos; as pessoas com deficiência; os portadores de doenças graves, cujo rol consta na própria lei. Entretanto, o interessado deve apresentar prova de sua condição para fazer jus ao atendimento sob trâmite prioritário.

— 3.3 —
Competência, impedimentos e suspeições

A competência é um encargo, uma obrigação dos administradores públicos. Portanto, de exercício **obrigatório** e **irrenunciável** – salvo em casos de delegação prevista em lei. O assunto está disciplinado nos arts. 11 a 17 da LPA. Um órgão administrativo e seu titular poderão, se não houver impedimento legal, delegar parte da sua competência a outros órgãos ou titulares, ainda que estes não lhe sejam hierarquicamente subordinados. Isso pode ser feito quando for conveniente, em razão de circunstâncias de caráter técnico, social, econômico, jurídico ou territorial – o que se aplica inclusive a presidentes de órgãos colegiados.

Todavia, **não podem ser objeto de delegação**: a edição de atos de caráter normativo, como decretos, portarias, instruções; o ato de decisão de recursos administrativos; e matérias de competência exclusiva do órgão ou autoridade. Ainda será permitida, em caráter excepcional e por motivos relevantes devidamente justificados, a **avocação** temporária de competência atribuída a órgão hierarquicamente inferior. Inexistindo competência legal específica, o processo administrativo deve ser iniciado perante a autoridade de menor grau hierárquico para decidir.

Quanto aos **impedimentos**, os arts. 18 a 21 da LPA determinam que é impedido de atuar em processo administrativo o servidor ou a autoridade que tenha interesse direto ou indireto na matéria, que tenha participado ou venha a participar como perito, testemunha ou representante. A norma também impede de atuação, se em tais situações se enquadrem, o cônjuge, companheiro, parente e afins até o terceiro grau do envolvido. Está impedido, ainda, aquele que esteja litigando judicial ou administrativamente com o interessado ou respectivo cônjuge ou companheiro. A autoridade ou o servidor que incorrer em impedimento deve comunicar o fato à autoridade competente, abstendo-se de atuar. A omissão do dever de comunicar o impedimento constitui falta grave para efeitos disciplinares.

Pode ser arguida a **suspeição** de autoridade ou servidor que tenha amizade íntima ou inimizade notória com algum dos interessados ou com os respectivos cônjuges, companheiros, parentes e afins até o terceiro grau. O indeferimento de alegação de suspeição poderá ser objeto de recurso, sem efeito suspensivo.

— 3.4 —
Atos e formas do processo administrativo

Os arts. 22 a 25 da LPA disciplinam a **forma** (procedimento) dos atos do processo. Sob o espírito do princípio do formalismo moderado – do qual já se falou anteriormente –, o art. 22 assevera que os atos do processo administrativo não dependem de forma determinada senão quando a lei expressamente a exigir. Ainda, prescreve que os atos do processo devem ser produzidos por escrito, em vernáculo, com a data e o local de sua realização e a assinatura da autoridade responsável e, salvo imposição legal, o reconhecimento de firma somente será exigido quando houver dúvida de autenticidade. Também determina que a autenticação de documentos exigidos em cópia poderá ser feita pelo órgão administrativo. É importante ressaltar que o processo deve ter suas páginas numeradas sequencialmente e rubricadas. Essa cautela evita inserções e supressões de folhas, despachos e documentos que compõem o caderno processual – ainda que o processo adote a forma digital.

Os **atos** do processo devem realizar-se em dias úteis, no horário normal de funcionamento da repartição na qual ocorre o trâmite. Serão concluídos depois do horário normal os atos já iniciados, cujo adiamento prejudique o curso regular do procedimento ou cause danos ao interessado ou à Administração.

Lei de Processo Administrativo: estrutura

Inexistindo disposição específica, os atos do órgão ou autoridade responsável pelo processo e dos administrados que dele participem devem ser praticados no prazo de cinco dias, salvo motivo de força maior. Entretanto, o prazo previsto pode ser dilatado até o dobro, mediante comprovada justificação. Os atos do processo devem ser realizados preferencialmente na sede do órgão, cientificando-se o interessado se outro for o local de realização.

— **3.5** —

Comunicação dos atos processuais

O órgão competente perante o qual tramita o processo administrativo determina a intimação do interessado para ciência de decisão ou a efetivação de diligências. Segundo os arts. 26 a 28 da LPA, o procedimento de intimação deve obedecer a alguns requisitos. Faz-se necessária a identificação do intimado e do órgão ou entidade administrativa, assim como a finalidade da intimação. Evidentemente, há a necessidade de se estabelecer o processo no espaço e no tempo, identificando a data, a hora e o local em que deve comparecer a parte, a testemunha, o informante etc.

A informação referente à necessidade de o intimado comparecer ou à possibilidade de fazer-se representar também constitui requisito do ato administrativo, assim como a informação da continuidade do processo independentemente do comparecimento do intimado-interessado. É obrigatória, por evidente, a indicação dos fatos e os fundamentos legais pertinentes – com antecedência mínima de três dias úteis à data de comparecimento. A intimação pode ser efetuada mediante ciência no processo, por via postal mediante aviso de recebimento (AR), por telegrama (em desuso nos tempos atuais) ou outro meio (e-*mail*, por exemplo) que assegure a certeza da ciência do interessado.

No caso de interessados indeterminados, desconhecidos ou com domicílio indefinido, a intimação deve ser efetuada em **publicação oficial**. As intimações são consideradas **nulas** quando feitas sem observância das prescrições legais, mas o comparecimento do administrado supre sua falta ou irregularidade.

O desatendimento da intimação não importa em reconhecimento da verdade dos fatos, nem a renúncia a direito pelo administrado. No prosseguimento do processo, é garantido direito de ampla defesa ao interessado. Devem ser objeto de intimação os atos do processo que resultem, para o interessado, em imposição de deveres, ônus, sanções ou restrição ao exercício de direitos.

— 3.6 —
Anulação, revogação e convalidação dos atos processuais

De acordo com o art. 53 da LPA, a Administração deve anular seus atos quando eivados de vício de legalidade e pode revogá-los por motivo de **conveniência** ou **oportunidade**, respeitados os direitos adquiridos. Esse dispositivo é praticamente uma transcrição da Súmula n. 473 do Supremo Tribunal Federal (STF): "A administração pode anular seus próprios atos, quando eivados de vícios que os tornam ilegais, porque deles não se originam direitos; ou revogá-los, por motivo de conveniência ou oportunidade, respeitados os direitos adquiridos, e ressalvada, em todos os casos, a apreciação judicial" (Brasil, 2017, p. 268).

O direito de a Administração anular os atos administrativos de que decorram efeitos favoráveis para os destinatários decai em cinco anos, contados da data em que foram praticados[12], salvo comprovada má-fé (fraude etc.). Isso é importante, pois, didaticamente, é possível afirmar que, após cinco anos, o ato se faz "coisa julgada" administrativa, constituindo "ato jurídico perfeito" e adquirindo caráter permanente. Considera-se exercício do direito de anular qualquer medida que importe impugnação à validade de ato emanado de autoridade administrativa. Mais uma vez, tem-se aqui o princípio do formalismo moderado.

A **convalidação** é o aproveitamento de um ato ainda prestável, corrigível. Os atos que apresentarem defeitos sanáveis podem ser convalidados pela própria administração, desde que em decisão na qual se evidencie não acarretar lesão ao interesse público nem prejuízo a terceiros. A convalidação – ou seja, o aproveitamento – existe para que o processo não necessite ser interrompido e refeito em detrimento do tempo e do cumprimento de sua finalidade.

---

2 No caso de efeitos patrimoniais contínuos, o prazo de decadência inicia-se com a percepção do primeiro pagamento.

— 3.7 —
Fases do processo

Nas subseções a seguir, abordaremos cada uma das etapas do processo administrativo, iniciando pela instauração, passando pela instrução, pela defesa e pelo relatório, até chegar às fases de julgamento e recursal.

— 3.7.1 —
Instauração

É irretocável a lição de Marinela (2018, p. 1.133) sobre a fase que dá início ao processo administrativo:

> A primeira etapa do procedimento administrativo é a instauração, que consiste na apresentação escrita dos fatos e indicação que enseja o processo. Tal providência pode decorrer de ato da própria Administração, denominada instauração de ofício, como, por exemplo, a portaria que instaura um processo administrativo disciplinar, o auto de infração que começa o processo administrativo tributário, uma representação ou despacho inicial da autoridade competente.

Assinalamos que é possível ocorrer a provocação de um processo mediante mera solicitação do interessado por um simples requerimento ou uma simples petição. Nesse caso, a Administração tem de dar impulso "de ofício" visando à

Lei de Processo Administrativo: estrutura

apuração dos fatos relatados no documento inicial, aplicando-se também o princípio da verdade real.

— 3.7.2 —

Instrução e defesa

A instrução é o esqueleto do processo. As atividades de instrução destinadas a averiguar e comprovar os dados necessários à tomada de decisão realizam-se de ofício (automaticamente) ou mediante impulso do órgão responsável pelo processo, sem prejuízo do direito dos interessados de propor atuações probatórias. Vale ressaltar que são inadmissíveis, no processo administrativo, as provas obtidas por meios ilícitos, cabendo ao interessado a prova dos fatos que tenha alegado[3].

O interessado pode, na fase instrutória e antes da tomada da decisão, juntar documentos e pareceres, requerer diligências e perícias, bem como aduzir alegações referentes à matéria objeto do processo. Importante atentar para o contido no art. 40 da LPA, que atesta que, "quando dados, atuações ou documentos solicitados ao interessado forem necessários à apreciação de pedido formulado, o não atendimento no prazo fixado pela administração para a respectiva apresentação implicará arquivamento do processo" (Brasil, 1999a).

---

3   De acordo com o art. 37 da LPA, "Quando o interessado declarar fatos e dados que estão registrados em documentos existentes na própria Administração responsável pelo processo ou em outro órgão administrativo, o órgão competente para a instrução proverá, de ofício, à obtenção dos documentos ou das respectivas cópias" (Brasil, 1999a).

Lei de Processo Administrativo: estrutura

O art. 46 da LPA assim dispõe: "Os interessados têm direito à vista do processo e a obter certidões ou cópias reprográficas dos dados e documentos que o integram, ressalvados os dados e documentos de terceiros protegidos por sigilo ou pelo direito à privacidade, à honra e à imagem" (Brasil, 1999a). Além disso, o art. 45 prevê: "Em caso de risco iminente, a Administração Pública poderá motivadamente adotar providências acauteladoras sem a prévia manifestação do interessado" (por exemplo: afastamento de servidor das funções). Encerrada a instrução, o interessado terá o direito de manifestar-se, por meio de **alegações finais**, no prazo máximo de 10 dias, salvo se outro prazo for legalmente fixado.

— 3.7.3 —

Relatório, julgamento e direito de recurso

Após o recebimento da defesa, se o órgão competente para a instrução do feito não for competente para julgar – o que é usual na Administração Pública –, este deve elaborar um **relatório** com o histórico e o resumo da instrução do processo, além de propor um resultado para o feito. Trata-se, pois, de um relatório conclusivo.

Feito isso, o processo deve ser encaminhado à autoridade superior competente para **julgamento** no prazo de até 30 dias, salvo prorrogação por igual período expressamente motivada.

Há também o **direito de recurso**, que tem por finalidade rever uma decisão objetivando a correção de qualquer injustiça ou abuso praticado pela autoridade que decidiu. Esse direito não depende de previsão legal explícita, tendo em vista que o art. 5º, inciso LVV, parte final, da Constituição atesta que há "ampla defesa com meios e recursos a ela inerentes" (Brasil, 1988). Ainda, existe a possibilidade de interposição de recurso, sem previsão específica em lei, por conta do direito constitucional de petição, definido no art. 5º, inciso XXXIV, alínea "a", da CF/1988.

Capítulo 4

Independência de instâncias e controle judicial

Independência de instâncias e controle judicial

Neste capítulo, trataremos, de modo introdutório, das chamadas *instâncias jurídico-processuais*, quais sejam, a civil, a penal e a administrativa. A lei que trata do assunto com mais acuidade é o Estatuto do Servidor Público Federal – Lei n. 8.112, de 11 de dezembro de 1990 (Brasil, 1991a). Também versam sobre o tema os Códigos Civil (Brasil, 2002) e de Processo Penal.

Ainda, abordaremos o controle judicial, ou seja, a possibilidade de revisão judicial de decisões administrativas.

— **4.1** —

Pluralidade de instâncias

Uma conduta pode ser, ao mesmo tempo, considerada ilícito penal, civil ou administrativo, e a condenação pode se dar em todas as esferas ou não. Na ação civil, pode haver condenação, e na civil, absolvição, já que se usa a regra de independência e autonomia entre as instâncias (Rede de Ensino Luiz Flávio Gomes, 2011).

No entanto, aduz o autor, existem exceções nas quais há vinculação entre as instâncias – o que significa que não se pode ter condenação na esfera civil ou administrativa quando há absolvição na esfera penal por: inexistência de fato; negativa de autoria (Rede de Ensino Luiz Flávio Gomes, 2011). Trata-se, a rigor, de uma correspondência lógica entre a unicidade do fato. As instâncias são múltiplas, mas o fato é um só. Se o fato não existiu ou se o autor não foi determinado sujeito, por evidente que não faz sentido os processos prosseguirem seus cursos.

– 86 –

Independência de instâncias e controle judicial

— 4.2 —
Instâncias administrativa, cível e penal

A Lei n. 8.112/1990, em seu art. 125, determina que "as sanções civis, penais e administrativas poderão cumular-se, sendo independentes entre si" (Brasil, 1991a). O art. 126, por sua vez, afirma que "a responsabilidade administrativa do servidor será afastada no caso de absolvição criminal que negue a existência do fato ou sua autoria" (Brasil, 1991a).

O Código Civil – Lei n. 10.406, de 10 de janeiro de 2002 –, em seu art. 935, aponta que a responsabilidade civil é independente da criminal, não sendo possível "questionar mais sobre a existência do fato, ou sobre quem seja o seu autor, quando estas questões se acharem decididas no juízo criminal" (Brasil, 2002).

O Código de Processo Penal – Decreto-Lei n. 3.689, de 3 de outubro de 1941 – exprime, em seu art. 66, que, não obstante a sentença absolutória no juízo criminal, "a ação civil poderá ser proposta quando não tiver sido, categoricamente, reconhecida a inexistência material do fato" (Brasil, 1941b). Entretanto, o art. 67 dispõe que **não impedirão** igualmente a propositura da ação civil: "I – o despacho de arquivamento do inquérito ou das peças de informação; II – a decisão que julgar extinta a punibilidade; III – a sentença absolutória que decidir que o fato imputado não constitui crime" (Brasil, 1941b).

Quanto ao tema, convém fazer uma ressalva: "**não há necessidade de suspensão** do processo civil ou administrativo para

Independência de instâncias e controle judicial

aguardar o julgamento no processo penal. Salvo se o juiz entender que a suspensão é conveniente a fim de evitar conflito ou divergência de sentenças" (Rede de Ensino Luiz Flávio Gomes, 2011, grifo nosso).

— 4.3 —
Revisão judicial do processo administrativo

É inevitável, ao tratar do assunto, vir à mente a expressão *coisa julgada administrativa*. Esse sempre foi um tema muito sensível e de controvérsia na doutrina e na jurisprudência. No entanto, com o advento da atual constituição, restou pacificado que inexistiria *coisa julgada material* na esfera administrativa, em razão do princípio da inafastabilidade do Judiciário. A Constituição Federal (CF) de 1988, em seu art. 5º, inc. XXXV, assim estabelece: "a lei não excluirá da apreciação do Poder Judiciário lesão ou ameaça a direito" (Brasil, 1988).

Portanto, é possível levar ao escrutínio do Judiciário um processo já decidido e terminado, ou seja, aquele processo que se encontra totalmente esgotado das possibilidades de recursos administrativos.

Uma questão muito debatida na esfera de operação do Direito Administrativo refere-se à possibilidade de revisão judicial de decisões administrativas exaradas pelos tribunais de contas. Há uma significativa corrente que entende que as decisões

Independência de instâncias e controle judicial

exaradas pelas cortes de contas brasileiras são passíveis de reexame pelo Poder Judiciário. Essa possibilidade decorre exatamente do princípio da inafastabilidade. Para essa concepção, qualquer decisão do Tribunal de Contas, mesmo no tocante à apreciação de contas de administradores, pode ser submetida ao reexame pela justiça se o interessado considerar que seu direito sofreu lesão, pois estaria ausente, das decisões dos tribunais de contas, o caráter de imutabilidade dos efeitos que é apanágio somente das decisões jurisdicionais.

De outro vértice, Alencar (2018) assim esclarece:

> Em pese [sic] os argumentos expendidos pela maioria dos doutrinadores, existe uma corrente minoritária no sentido de defender que as decisões dos Tribunais de Contas que julgam as contas dos administradores e demais responsáveis por dinheiros, bens e valores públicos, bem como daqueles que derem causa a perda, extravio ou outra irregularidade de que resulte prejuízo ao erário público (art. 71, II, CF), fazem efetivamente coisa julgada, ao menos nos seus aspectos técnicos, os quais a Constituição cometeu expressamente estas atribuições às Cortes de Contas (art. 70 c/c art. 71 da CF).

Ocorre, porém, que há um ponto médio no exame desse problema. Parece haver, de fato, uma natureza judicante nas decisões emanadas dos tribunais de contas – ao menos no aspecto em que aduzem que o Judiciário não pode rever seus julgamentos quanto aos responsáveis pela administração de dinheiro ou outros bens públicos. Isso porque na redação do art. 71, inciso II,

Independência de instâncias e controle judicial

da CF/1988, consta o termo *julgar* (Alencar, 2018). O ímpeto do constituinte, portanto, foi o de que houvesse efetiva produção de coisa julgada. A contrário senso, teria sido empregado outro vocábulo. É de se notar que, em diversas ocasiões, o texto constitucional atribuiu a competência a outros órgãos para julgar em caráter definitivo determinados fatos e autoridades:

a. contas prestadas pelo presidente da República: exclusiva competência do Congresso Nacional (art. 49, IX);

b. julgamento do presidente e do vice-presidente da República, nos crimes de responsabilidade, e os ministros de Estado, nos crimes da mesma natureza, conexos com aqueles: competência em caráter privativo do Senado Federal (art. 52, II);

c. julgamento dos ministros do STF, do procurador-geral da República e do advogado-geral da União nos casos de crimes de responsabilidade: competência própria do Senado Federal (art. 52, II).

Portanto, fica fortalecida a ideia de que existe uma "força judicante dos tribunais de contas brasileiros quando estes julgam as contas dos responsáveis pela administração de dinheiros [sic] ou outros bens públicos (artigo 71, II, da CF)" (Alencar, 2018).

Capítulo 5

Atuação do advogado no processo administrativo

Aqui, analisaremos, de modo breve, como o advogado atua em um processo administrativo, destacando suas prerrogativas, as características da defesa técnica e a questão que envolve o acesso às peças e o sigilo processual.

— 5.1 —
Prerrogativas do advogado

As prerrogativas do advogado são absolutamente necessárias para que o profissional exerça a defesa dos interesses de seu cliente de maneira plena e, sobretudo, com liberdade. Atesta a Constituição Federal (CF) de 1988, em seu art. 133, que o advogado é "indispensável à administração da justiça, sendo inviolável por seus atos e manifestações no exercício da profissão, nos limites da lei" (Brasil, 1988). No Estatuto da Ordem dos Advogados do Brasil (OAB) – Lei n. 8.906, de 4 de julho de 1994 (Brasil, 1994b) –, estão arroladas as prerrogativas do advogado. Segue uma breve lista daquelas que são pertinentes ao tema estudado nesta obra:

a. ausência de hierarquia (art. 6º, § único, Lei n. 8.906/1994);

b. comunicação com o cliente em qualquer situação (art. 7º, III);

c. livre acesso a espaços (art. 7º, inc. VI);

d. exercício amplo da defesa (art. 7º, X e XII);

e. acessibilidade aos processos (art. 7º, XV e XVI).

A Súmula Vinculante n. 14 do Supremo Tribunal Federal (STF) também prevê a prerrogativa do advogado de ter acesso aos elementos de prova para a construção da defesa (Brasil, 2020).

— 5.2 —
Considerações sobre a defesa técnica no processo administrativo

Consideramos muito relevante para tratar do tema expresso no título desta seção o conhecimento da Súmula Vinculante n. 5 do STF: "A falta de defesa técnica por advogado no processo administrativo disciplinar não ofende a Constituição" (Brasil, 2020, p. 9).

Dado o caráter sancionatório de processos dessa natureza – cujo resultado, a depender da sanção aplicada, pode ser privação de direitos inerentes à subsistência do acusado, ou de sua família –, é evidente um reflexo ao direito de ampla defesa. A possível crítica dirigida à referida súmula vinculante se justifica no fato de que são os direitos do acusado que estão sendo tutelados em tal procedimento, e a pretensão punitiva da Administração Pública não poderia se sobrepor, sob nenhuma hipótese, a um direito constitucionalmente garantido (o da ampla defesa).

Compreendida a importância e a complexidade técnica de certos processos administrativos disciplinares, assim como o prejuízo incidental de outros bens jurídicos, é de suma importância que o processado tenha oportunidade de acesso à totalidade dos meios de defesa admissíveis em lei. Tais meios devem abranger preferencialmente os exercíveis por profissional qualificado com os conhecimentos tais que auxiliem o acusado, não lhe deixando desguarnecido quanto à preservação de seus direitos.

Há, pois, uma notória incompatibilidade da Súmula Vinculante n. 5 do STF com o conteúdo de garantias e direitos fundamentais da Constituição.

A Súmula n. 343 do Superior Tribunal de Justiça (STJ) consignou a importância da defesa técnica no processo administrativo disciplinar (PAD), em consonância com os incisos LIV[1] e LV[2] do art. 5º e com os arts. 133[3] e 134[4] da Constituição. A relevância dessa súmula se expressa na medida em que a necessidade de defesa técnica no PAD se constitui na materialização do contraditório e da ampla defesa sobre a totalidade dos atos do processo movido em face do acusado. O direito de defesa deve estar fortemente garantido aos acusados, independentemente da natureza do processo ao qual estão submetidos. Essa é a razão do teor materializado na Súmula n. 343 do STJ (Brasil, 2022).

Nesse aspecto, a falta de defesa técnica no PAD pode resultar em nulidade processual, uma vez que a presença de advogado e o acompanhamento por esse não implicam somente a efetivação

---

1   CF/1988: "Art. 5º [...] LIV – ninguém será privado da liberdade ou de seus bens sem o devido processo legal;" (Brasil, 1988).

2   CF/1988: "Art. 5º [...] LV – aos litigantes, em processo judicial ou administrativo, e aos acusados em geral são assegurados o contraditório e ampla defesa, com os meios e recursos a ela inerentes;" (Brasil, 1988).

3   CF/1988: "Art. 133. O advogado é indispensável à administração da justiça, sendo inviolável por seus atos e manifestações no exercício da profissão, nos limites da lei" (Brasil, 1988).

4   CF/1988: "Art. 134. A Defensoria Pública é instituição permanente, essencial à função jurisdicional do Estado, incumbindo-lhe, como expressão e instrumento do regime democrático, fundamentalmente, a orientação jurídica, a promoção dos direitos humanos e a defesa, em todos os graus, judicial e extrajudicial, dos direitos individuais e coletivos, de forma integral e gratuita, aos necessitados, na forma do inciso LXXIV do art. 5º desta Constituição Federal." (Brasil, 1988).

do contraditório e da ampla defesa, mas também se constitui em matéria de ordem pública no âmbito processual. Afinal, a indispensabilidade do advogado, como um agente regulador, à administração da justiça se constitui em direito fundamental garantido constitucionalmente a qualquer acusado.

— 5.3 —

Acesso às peças e sigilo processual

Não há grande controvérsia quanto à fácil obtenção de cópias dos autos do processo por parte do interessado e por seu advogado. Entretanto, é necessário realizar um exame quanto ao acesso aos autos por terceiros. Acerca do assunto, leciona Carvalho Filho (2009, p. 84):

> O direito à ciência da tramitação dos processos administrativos é atribuído, no texto legal, aos interessados. Aqui, porém, uma observação a fazer. Dependendo do nível e da extensão do interesse do indivíduo, podem existir interessados diretos ou indiretos. Os primeiros são aqueles cuja órbita jurídica pode ser atingida de forma imediata pelo processo, sendo normalmente participantes do procedimento, ao passo que interessados indiretos são aqueles que, embora não figurando diretamente no processo, são suscetíveis de ser atingidos, de modo favorável ou desfavorável, pelo desenvolvimento ou pelo desfecho do processo. A norma se dirige aos interessados diretos, mas, mesmo aqueles que não o sejam, podem tomar ciência da tramitação do processo, através das publicações na imprensa

oficial ou por meio de informações, requeridas com base no art. 5º, XXXIII, da CF, desde que demonstrado o interesse particular do indivíduo ou até mesmo o interesse coletivo ou geral, ressalvando-se, contudo, os casos de sigilo, como já examinamos. O que se deve reprimir é o abuso do direito, ou seja, aqueles casos em que o indivíduo detém mera curiosidade sobre fatos que não lhe dizem respeito e age com espírito de emulação ou de má-fé.

É permitido ao interessado, ainda que não participe do processo, ter acesso a informações dos autos desde que o faça por meio de requerimento à entidade pública na qual o processo está sendo conduzido. Entretanto, para tal se faz necessário expor as razões de seu interesse, preservando as informações cujo sigilo seja imprescindível à segurança da sociedade, como a defesa da intimidade, da vida privada das pessoas e do Estado.

Capítulo 6

Processo administrativo sancionador

Neste capítulo, abordaremos o processo administrativo sancionador, que se origina do poder de polícia inerente à atividade da Administração Pública. Sobre o tema, evidenciaremos o poder de polícia administrativo, as sanções e infrações administrativas, bem como o conceito, a tipologia e a incidência do processo sancionador.

— 6.1 —
Poder administrativo de polícia

O poder administrativo de polícia se constitui em atividade própria do Estado e que estabelece limite ao exercício dos direitos individuais em favor do interesse coletivo. O conceito legal está previsto no art. 78 do Código Tributário Nacional (CTN) – Lei n. 5.172, de 25 de outubro de 1966:

> Art. 78. Considera-se poder de polícia a atividade da administração pública que, limitando ou disciplinando direito, interesse ou liberdade, regula a prática de ato ou abstenção de fato, em razão de interesse público concernente à segurança, à higiene, à ordem, aos costumes, à disciplina da produção e do mercado, ao exercício de atividades econômicas dependentes de concessão ou autorização do Poder Público, à tranquilidade pública ou ao respeito à propriedade e aos direitos individuais ou coletivos. (Brasil, 1966b)

Em sentido amplo, seria a atividade do Estado em condicionar a liberdade e a propriedade aos interesses coletivos. Em sentido restrito, são intervenções com a edição de regulamentos e atos normativos, abrangendo, ainda, a organização e a prática de atos de fiscalização e sanção (multas, por exemplo). A seguir, caracterizamos o poder de polícia administrativo.

A **vincularidade** estabelece que a Administração tem por obrigação agir de acordo com os limites prescritos em lei, sem hipótese de escolha. Já com a **discricionariedade**, a norma apresenta certa margem de liberdade de conduta para o agente público seja quanto ao motivo, seja quanto ao objeto a ponto de o agente decidir qual o melhor momento e meio de ação para a prática do ato. A **autoexecutoriedade** refere-se à possibilidade de administração agir com os seus próprios meios para coagir alguém a agir de determinada forma. O **poder de polícia** permite que a Administração aja sem a necessidade de intervenção do Judiciário. A imposição compulsória de medidas emanadas pela administração é a **coercibilidade**. Já a **indelegabilidade** significa que essa atividade é puramente estatal, ou seja, somente o Estado a pode exercer fazendo valer suas prerrogativas que não podem ser exercidas por um particular – exceto se este estiver investido legalmente mediante ato jurídico público e próprio.

Nas áreas de atuação do Estado ao exercer o poder administrativo de polícia, podemos enumerar:

a. **edição de atos normativos** – desde que permitidos por lei e que criem limites administrativos ao exercício dos direitos e das atividades individuais, de modo a estabelecer normas gerais e abstratas aos cidadãos, indistintamente, em igual situação;

b. **medidas preventivas** – visam à adequação do comportamento individual à lei por meio de atos de fiscalização, notificações, autorizações, licenças;

c. **medidas repressivas** – têm por objetivo coagir o infrator ao cumprimento da lei, como a apreensão de mercadorias deterioradas e os embargos de obras.

O poder de polícia é atribuído ao Legislativo e ao Executivo, podendo ser exercido somente se embasado no princípio da legalidade, com vistas a impedir que a Administração emane regras sem previsão em lei anterior. Trata-se, portanto, de limites de atuação impostos pela lei, como a necessidade de: **autoridade competente, forma, finalidade, motivo e objeto.** Também, há a necessidade de se observar a **proporcionalidade** dos meios aos fins, ou seja, a exigência de respeito aos direitos individuais em relação ao prejuízo a ser evitado ou ao bem jurídico protegido. O poder de polícia é dotado de uma **necessidade** que lhe é inerente: evitar ameaças reais ou prováveis de perturbações ao interesse público. Por fim, há de se observar a **eficácia**, que se constitui em medida adequada para torná-lo efetivo na proteção do interesse coletivo.

— 6.2 —

Sanções e infrações administrativas

Segundo Mello (2007, p. 26), *sanção administrativa* pode ser conceituada como "sanção jurídica como a consequência negativa

Processo administrativo sancionador

atribuída à inobservância de um comportamento prescrito pela norma jurídica, que deve ser imposta pelos órgãos competentes, se necessário com a utilização de meios coercitivos".

De acordo com Ferreira (2017), o ilícito administrativo (ou infração administrativa, aqui tomados como sinônimos) consiste no "comportamento voluntário, violador da norma de conduta que o contempla, que enseja a aplicação, no exercício da função administrativa, de uma sanção da mesma natureza". Ferreira (2017, grifo do original) esclarece a tipologia das sanções administrativas:

> As sanções administrativas são **restritivas da liberdade** – só atingindo pessoas físicas, impedindo sua liberdade (e.g., de prisão, como previstas no regime castrense); **restritivas de atividades** (de pessoa física ou jurídica), como a de suspensão temporária do exercício profissional e cassação de licença de atividade; **restritivas do patrimônio moral**, expressivas de admoestações dirigidas ao infrator, como a de declaração de inidoneidade do licitante; e **restritivas do patrimônio econômico**, dotadas de natureza pecuniária (multas) ou que nela se pode exprimir objetivamente, como as de perda e/ou mesmo de inutilização de bens.

Há outra possibilidade, entretanto, que também confere utilidade à classificação baseada na restrição imposta, de modo que as sanções administrativas podem ser divididas em:

reais – as pecuniárias (multas) e as que gravam coisas, pela natureza real (como a interdição de estabelecimento) – ou **pessoais**, as que, *personalissimamente*, atingem a figura do infrator (pessoa física ou jurídica) ou o responsável, nelas se incluindo a disciplinar (cuja imposição reclama exame da vida pregressa) e a de suspensão de atividades, da pessoa jurídica ou física. (Ferreira, 2017, grifos do original)

Ainda, são elementos da sanção: a **autoridade**, que é o sujeito público, o ente estatal que a aplica, um órgão como uma autarquia, uma agência reguladora etc. Há a **restrição**, que se configura no conteúdo da sanção, ou seja, o que deverá ser deixado de fazer, o que deverá ser feito, o quanto deverá ser pago, etc. Há a **privação** de direitos e a **imposição** de deveres ao sancionado. Já a **repressão** é o caráter pedagógico e correcional, a recomposição da legalidade, o restabelecimento e a reafirmação de valores consagrados na ordem jurídica.

Contudo, para que a sanção seja levada a efeito, é necessário processo legal, o que, no caso, ocorre com a instauração do respectivo processo administrativo – que é a formalização, a ordem, a organização do conjunto de atos que visa à sanção, ou não, se comprovado que ela é ilegal. É o processo administrativo que permitirá ao processado-sancionado ter acesso aos documentos, atos, provas etc. para exercer seu direito de contraditório e assegurar a ampla defesa.

— 6.3 —
Conceito de processo sancionador

Conforme Mello (2010, grifo nosso), o processo sancionador pode ser assim definido:

> O sentido do processo administrativo sancionador é **apurar a existência de infração** a direito e coibi-la, quando declarada sua existência. O despacho de instauração do referido processo deverá ser **fundamentado**, por tratar-se da peça informadora de todo o procedimento, considerando-se que nele estão contidos os **limites do debate**, que constituem a descrição das práticas potencialmente lesivas. Tal exigência tem como finalidade o pleno exercício do direito de defesa, o que induz a conclusão de que, em não havendo prejuízo ao contraditório e ao devido processo legal, não há proclamar-se [sic] nulidade (STJ. Quinta Turma. ROMS 10.472/ES. DJ 04.09.2000. P. 171; STJ. Sexta Turma. ROMS 9.532/RO. DJ 04.09.2000. P. 195; STJ. RESP 182.564/PR. DJ 26.06.2000. P. 207).

Ao observar o conceito dado pelo magistrado na ementa jurisprudencial ora transcrita, percebemos que estão contidos os elementos da sanção – autoridade, restrição, privação, repressão e processo –, constituindo-se o universo do ato material de sanção e do processo sancionador. Para a técnica jurídica, seja na aplicação da sanção, seja na defesa do sancionado, é importante haver pleno domínio desses elementos, para que se atinja a lisura e a segurança jurídicas suficientes de modo a impedir arbitrariedades e abusos.

— 6.4. —
Tipologia e incidência do processo sancionador

Segundo Odete Medauar (1993, p. 132), "os processos administrativos punitivos dividem-se em internos, cujas sanções são aplicadas no âmbito da Administração, e externos, mediante os quais aplicam-se sanções fora do âmbito da Administração".

De acordo com a autora, é certo que as características comuns que adotamos como critério para uso de uma palavra de classe são uma questão de conveniência: "Nossas classificações dependem de nossos interesses" e de "nossa necessidade de reconhecer tanto as semelhanças como as diferenças entre as coisas. Muitas classificações distintas podem ser igualmente válidas" (Medauar, 1993, p. 132).

Perante a exposição da professora, cumpre ressaltar que os pressupostos, as finalidades e as garantias do processo administrativo "compõem um núcleo comum a todas as modalidades, diferenciando-se, em classificação bastante ampla, os processos administrativos penais ou sancionadores e os não-penais" (Medauar, 1993, p. 132). Assim, na tipologia apontada pela especialista, os processos administrativos sancionadores classificam-se conforme disposto no quadro a seguir.

Processo administrativo sancionador

Quadro 6.1 – Classificação dos processos administrativos sancionadores

Quanto ao **sujeito** que os suscita	**De iniciativa do administrado**: quando o particular dá início ao processo.
	De iniciativa da administração: quando o Poder Público dá início ao processo. Ex.: processos administrativos disciplinares.
Quanto ao **objeto**	**De interesse público**: são processos obrigatórios. Ex.: aqueles ocorridos no seio de agências reguladoras instaurados de ofício e periodicamente na atividade fiscalizatória.
	De interesse particular/privado: quando são deflagrados por algum particular com a finalidade de lhe assegurar direito lesado por outrem que pode ser sancionado em virtude de eventual conduta ilícita. É comum entre concessionários de serviços de transporte coletivo e aéreo. Ex.: denúncia de um concorrente desleal.
Quanto ao **alcance** dos efeitos	**Internos**: as sanções operam no âmbito interno da Administração.
	Externos: as sanções se estendem para fora do âmbito da Administração.

Fonte: Elaborado com base em Medauar, 1993.

O Direito Administrativo sancionador incide em diferentes âmbitos. Em infrações de ordens tributária, econômica, de saúde pública, entre outras, é dever efetivo do Estado controlar e conter certos comportamentos oriundos de agentes públicos e, até mesmo, de particulares. É conveniente observar que o cidadão está mergulhado em um conjunto imenso de normas as quais ele deve cumprir. Muitas dessas normas, em caso de não observância, têm como consequência uma sanção – que nem sempre resulta em processos penais regidos pelo Código Penal (Decreto-Lei n. 2.848, de 7 de dezembro de 1940 – Brasil, 1940) e pelo Código de Processo Penal (Decreto-Lei n. 3.689, de 3 de outubro de 1941 – Brasil, 1941b). Essas sanções se processam e são aplicadas por entes administrativos diferentes das conhecidas delegacias de polícia civil, e o processo não tramita no fórum perante um juiz togado.

A aplicação das normas administrativas punitivas exige um processo administrativo que tramita nas mais variadas esferas da Administração Pública, órgãos, autarquias, agências ou quaisquer entes que sejam dotados de poder de polícia.

O poder de polícia gera sanção; sanção gera processo; processo permite defesa; defesa gera busca da verdade real; a busca da verdade resulta em decisão; decisão gera recurso para esfera superior e, por fim, produz-se uma decisão definitiva. Essa é a síntese do processo administrativo em um Estado respeitador da lei e das garantias dos administrados.

Capítulo 7

Processo administrativo disciplinar

Analisaremos, neste capítulo, o processo administrativo disciplinar (PAD) cuja base legal é a Lei n. 8.112, de 11 de dezembro de 1990 (Brasil, 1991a), que dispõe sobre o regime jurídico dos servidores públicos civis da União, autarquias e fundações públicas federais.

O PAD consiste em prática administrativa obrigatória à consecução de certos objetivos, o que decorre, incialmente, do regime adotado pela Constituição Federal (CF) de 1988, que, em seus arts. 1º, *caput* e inciso III; 5º, incisos LIII, LIV, LV; 37, *caput*; 41, parágrafo 1º, inciso II, exprime garantias e vedações atinentes à Administração e a seus servidores. Dessa forma, examinaremos aqui as peculiaridades, a estrutura e os princípios pertencentes ao PAD. Para esse intento, apresentaremos conceitos e normas que permitem delinear o cenário contemporâneo do tema.

Antes de tratar especificamente do conceito de PAD, é importante definir *poder disciplinar* e seu funcionamento – muito embora esse tópico seja objeto de estudo do Direito Administrativo propriamente dito. O **poder disciplinar** é aquele que tem por finalidade "a punição de condutas tidas como ilícitas dentro do procedimento administrativo, nas leis administrativas, buscando manter o bom funcionamento da entidade pública e a coesão moral e ética, não prejudicando a eventual punibilidade no âmbito civil e penal" (Regime..., 2017). Desta feita, busca obrigar o servidor público a exercer sua função em obediência ao que se entende ser o bom funcionamento dos órgãos e entidades. Nessa perspectiva, "o servidor público tem o dever de obediência àquilo que estabelecem as normas, assim como alguns comandos de seus superiores, ressalvadas as hipóteses de ordens ilícitas" (Regime..., 2017). Aliás, nesses casos, o servidor pode recusar-se a executá-las, seguindo os critérios hierárquico e de respeito à legalidade, no âmbito da Administração Pública. A fim de apurar ilícitos no seio da Administração, há o PAD, cujo escopo é investigar denúncias de irregularidades e dar a melhor resposta a tais fatos.

O **processo administrativo disciplinar federal** tem sua base na já mencionada Lei n. 8.112/1990. No título V de seu texto, prevê-se o método pelo qual será procedido, com a correspondente e obrigatória formação de uma comissão de servidores designados por autoridade competente para tal. Tem como fim a eventual punição, que pode levar, até mesmo, à perda do cargo, à aplicação de advertência ou ao arquivamento do processo de acordo com o resultado da sindicância, sobre a qual trataremos adiante.

O processo administrativo guarda alguns desideratos que constituem sua essência, conforme expresso a seguir.

São objetivos do processo administrativo:

1. A correspondente investigação e esclarecimento acerca da existência de infração disciplinar por parte do servidor público, e quais foram os meios fáticos em que ela ocorreu;

2. A garantia do devido procedimento, com direito a ampla defesa do servidor a quem é imputada a conduta;

3. O respaldo, ou fundamentação, da decisão tomada pela autoridade julgadora, para que esta tenha base firme e não possa

ser atacada uma vez que correta, ou tomada como mera arbitrariedade em desfavor do servidor. (Regime..., 2017)

Ao final deste tópico introdutório, faz-se necessário mencionar alguns princípios do PAD: **princípio da instrumentalidade das formas** e **princípio da gratuidade**. O primeiro consiste em aproveitar os atos processuais que tenham atingido sua finalidade, mesmo que estejam presentes eventuais vícios de formalidade. Basta saná-los em seu aspecto meramente formal e aproveitar o respectivo conteúdo. A gratuidade, como o próprio nome sugere, estabelece que a Administração não pode cobrar nem se ressarcir de despesas no andamento dos processos administrativos.

— 7.1 —
Fases do processo administrativo disciplinar

Nesta seção, analisaremos as etapas a serem observadas em um PAD, a saber: instauração do processo e designação da comissão; inquérito (instrução, defesa, revelia e relatório); e julgamento e revisão do PAD.

Processo administrativo disciplinar

— 7.1.1 —
Instauração do processo e designação da comissão

O PAD é deflagrado a partir da publicação da portaria de instauração no Diário Oficial. Esse ato deve ser realizado pela autoridade competente, e sua publicação ocorre no início do processo, permitindo que a comissão processante comece seus trabalhos. Na mesma oportunidade, o ato deve conter a designação dos membros que apurarão os fatos, o tipo de procedimento a ser realizado, a duração dos trabalhos e o objeto da apuração. Antigamente, era comum constar a indicação do processado. No entanto, desde 1994, a Administração Federal não mais torna pública a indicação do nome do servidor suspeito, bem como a conduta investigada e sua tipificação legal, por força de parecer da Advocacia-Geral da União (AGU) – Parecer AGU n. GQ-12/1994[1].

O art. 149 da Lei n. 8.112/1990 prevê que a comissão tem de ser formada por três **servidores estáveis**, a serem designados pela autoridade administrativa competente, de acordo com as regras de hierarquia constantes no art. 143, parágrafo 3º, da

---

1 Parecer AGU n. GQ-12, de 24 de janeiro de 1994: "Incumbe ao Senhor Presidente da República declarar a nulidade de processo administrativo disciplinar em que seja sugerida a aplicação da penalidade de demissão ou cassação de aposentadoria, ou disponibilidade, e determinar a instauração de outro processo, a fim de ser efetuada a apuração dos fatos isenta de vício. No ato de designação da comissão de inquérito, não devem ser consignadas as infrações a serem apuradas, os dispositivos infringidos e os nomes dos possíveis responsáveis. Dos servidores a serem designados para integrar comissão processante poderão ser exigidas condições pessoais não previstas em lei" (Brasil, 1994a).

Processo administrativo disciplinar

mesma lei e observadas eventuais limitações de impedimentos e suspeição que se acham presentes no art. 149, parágrafo 2º, que veda a participação de membros que sejam cônjuge, companheiro ou parente do acusado.

A comissão processante deve exercer suas atribuições com total independência, ou seja, sem interferência da autoridade superior instauradora. Também com imparcialidade, buscando a verdade real sem qualquer preferência pessoal quanto ao acusado, deve a comissão ater-se sempre aos fatos e ao conjunto probatório, isto é, às provas e aos documentos do caderno processual e, sobretudo, aos termos da portaria instauradora. É ainda garantido à comissão, no andamento dos trabalhos, o **sigilo** necessário à elucidação do caso, bem como o **acesso** a documentos e às dependências do órgão no qual o fato ocorreu.

O processo deve ser concluído no **prazo de 60 dias**, prorrogáveis por igual período se necessário, contado da data de publicação da portaria. Há de se notar que a inobservância dos prazos não gera vício ou nulidade ao processo, conforme prescreve o art 169, parágrafo 1º, da Lei n. 8.112/1990. Importante salientar que o **ato de instauração** do processo implica a interrupção da prescrição (art. 142, § 1º) e impede a exoneração a pedido e aposentadoria voluntária do servidor, até que se finde o processo e se faça o cumprimento da sanção, se for esse o caso (art. 172).

Há uma medida de natureza **cautelar** no bojo do processo disciplinar, a qual está presente no art. 147 da norma federal:

Processo administrativo disciplinar

Art. 147. Como medida acautelatória e a fim de que o servidor não venha a influir na apuração da irregularidade, a autoridade instauradora do processo disciplinar poderá determinar o seu afastamento do exercício do cargo, pelo prazo de até **60 (sessenta)** dias, sem prejuízo da remuneração.

Parágrafo único. O afastamento poderá ser prorrogado por igual prazo, findo o qual cessarão os seus efeitos, ainda que não concluído o processo. (Brasil, 1991a, grifo nosso)

Tal hipótese refere-se ao chamado *afastamento preventivo* do servidor.

— 7.1.2 —
Inquérito administrativo: instrução, defesa, revelia e relatório

Na esfera federal, o inquérito administrativo não é um processo autônomo – como o é em algumas legislações estaduais –, mas sim parte do PAD; mais que isso, é seu cerne. O inquérito obedece, por evidente, ao princípio do contraditório, sempre assegurando ao acusado a ampla defesa com a utilização de todo e qualquer meio e recurso em direito admitido.

Os autos da **sindicância** – da qual trataremos a seguir – integram o processo disciplinar como peça informativa da instrução. Na hipótese de o relatório da sindicância concluir que a infração está capitulada como ilícito penal, a autoridade competente encaminhará – e esse encaminhamento é um poder-dever – cópia dos autos ao Ministério Público, independentemente da imediata instauração do processo disciplinar.

Na fase do inquérito, a comissão promove a **instrução do processo** com a tomada de depoimentos, acareações, investigações e diligências cabíveis. O objetivo dessas ações é proceder à coleta de prova, recorrendo-se, quando necessário, a técnicos e peritos, de modo a permitir a completa elucidação dos fatos. Ao servidor é assegurado o direito de **defesa**, com vistas a permitir: o acompanhamento do processo pessoalmente ou por intermédio de procurador (advogado); o arrolamento e a reinquirição de testemunhas; a produção de provas e contraprovas; e a formulação de quesitos quando se tratar de uma prova pericial.

O presidente da comissão pode indeferir – por meio de despacho fundamentado – pedidos considerados impertinentes, meramente protelatórios ou de nenhum interesse para a elucidação dos fatos. Como o processo administrativo respeita a instrumentalidade das formas, a celeridade e a informalidade, pode ser indeferido, por exemplo, o pedido de prova pericial quando a comprovação do fato não depender de conhecimento especial de um perito.

As **testemunhas** têm de ser intimadas a depor mediante mandado expedido pelo presidente da comissão, devendo a segunda via, com o ciente do interessado, ser anexada aos autos – hoje, uma confirmação de envio e recebimento de *e-mail* supre essa formalidade física. Caso a testemunha seja servidor público, a expedição do mandado deve ser imediatamente comunicada ao chefe da repartição onde esta presta serviço, com a indicação de dia e hora marcados para a inquirição. O depoimento deve ser prestado de maneira oral e reduzido a termo (escrito), não sendo lícito à testemunha entregá-lo por escrito. Vale lembrar que, na contemporaneidade, a videoconferência gravada vem sendo utilizada sem grandes problemas à cognição do feito nem perigo de nulidades.

As testemunhas são inquiridas separadamente e, na hipótese de depoimentos contraditórios ou que se infirmem, percam qualidade e força elucidativa, é realizada a acareação entre os depoentes.

Concluída a inquirição das testemunhas, a comissão promove o **interrogatório** do acusado processado, sempre observados os procedimentos previstos nos arts. 157 e 158 da Lei n. 8.112/1990[2]. Para o caso de mais de um acusado, cada um tem de ser ouvido separadamente e, sempre que apresentarem divergência em suas declarações sobre fatos ou circunstâncias, deve ser efetuada a respectiva acareação entre eles.

O procurador do acusado pode assistir ao interrogatório, bem como à inquirição das testemunhas, sendo-lhe vedado interferir nas perguntas e respostas, mas lhe sendo facultada a possibilidade de reinquiri-las por intermédio do presidente da comissão.

---

2   Lei n. 8.112/1990: "Art. 157. As testemunhas serão intimadas a depor mediante mandado expedido pelo presidente da comissão, devendo a segunda via, com o ciente do interessado, ser anexado aos autos. Parágrafo único. Se a testemunha for servidor público, a expedição do mandado será imediatamente comunicada ao chefe da repartição onde serve, com a indicação do dia e hora marcados para inquirição. Art. 158. O depoimento será prestado oralmente e reduzido a termo, não sendo lícito à testemunha trazê-lo por escrito" (Brasil, 1991).

Processo administrativo disciplinar

Outro ponto relevante: quando há dúvida sobre a sanidade mental do acusado, a comissão pode fazer proposição à autoridade competente para que ele seja submetido a exame pela junta médica oficial, da qual participe pelo menos um médico psiquiatra. O **incidente de sanidade mental** é processado em autos apartados e apenso (anexo) ao processo principal, após a expedição do laudo pericial.

Tipificada a infração disciplinar, é feito o **indiciamento** do servidor, com a especificação dos fatos a ele imputados e das respectivas provas. O servidor é, então, citado por mandado expedido pelo presidente da comissão para apresentar defesa escrita, no prazo de 10 dias, assegurada vista do processo na repartição. Havendo dois ou mais indiciados, o prazo comum é de 20 dias, e o prazo de defesa pode ser prorrogado pelo dobro, para diligências reputadas indispensáveis. No caso de recusa do indiciado em receber e dar o ciente na cópia da citação, o prazo para defesa inicia-se na data declarada, em termo próprio, pelo membro da comissão que fez a citação, com a assinatura de duas testemunhas. O indiciado que mudar de residência fica obrigado a comunicar à comissão o lugar onde poderá ser encontrado. Estando o indiciado em lugar incerto e não sabido, é citado por edital, publicado no Diário Oficial da União e em jornal de grande circulação na localidade do último domicílio conhecido, para apresentar defesa.

Na hipótese apontada, o prazo para defesa é de 15 dias a partir da última publicação do edital. É considerado revel o indiciado

Processo administrativo disciplinar

que, regularmente citado, não apresentar defesa no prazo legal. A **revelia** é declarada, por termo, nos autos do processo e devolve-se o prazo para a defesa. Para defender o indiciado revel, a autoridade instauradora do processo designa um servidor como **defensor dativo**, que deve ser ocupante de cargo efetivo superior ou de mesmo nível, ou ter nível de escolaridade igual ou superior ao do indiciado. É curioso que esse defensor não necessita ser advogado – o que toca o tema da necessidade de defesa técnica obrigatória já aqui abordado.

Apreciada a defesa, a comissão elabora **relatório** minucioso, no qual resume as peças principais dos autos e menciona as provas em que se baseou para formar sua convicção. O relatório é sempre conclusivo quanto à inocência ou à responsabilidade do servidor. Reconhecida a responsabilidade deste, a comissão indica o dispositivo legal ou regulamentar transgredido, bem como as circunstâncias agravantes ou atenuantes. O processo disciplinar, com o relatório da comissão, é remetido à autoridade que determinou sua instauração para julgamento.

— 7.1.3 —

Julgamento e revisão do PAD

Quanto ao **julgamento**, no prazo de 20 dias, contado do recebimento do processo, a autoridade julgadora profere sua decisão. Se a penalidade a ser aplicada exceder a alçada da autoridade instauradora do processo, este será encaminhado à autoridade competente, que decidirá em igual prazo. Havendo mais de um

Processo administrativo disciplinar

indiciado e diversidade de sanções, o julgamento caberá à autoridade competente para a imposição da pena mais grave. Se a penalidade prevista for a demissão ou cassação de aposentadoria ou disponibilidade, o julgamento caberá às autoridades de que trata o inciso I do art. 141 da Lei n. 8.112/1990. Havendo o reconhecimento pela comissão da inocência do servidor, a autoridade que instaurou o processo determinará seu arquivamento – salvo se for contrário à prova dos autos. O julgamento deverá acatar o relatório da comissão, desde que não seja contrário às provas dos autos. Quando o relatório contrariar as provas dos autos, a autoridade poderá, motivadamente, agravar a penalidade proposta, abrandá-la ou até mesmo isentar o servidor de responsabilidade. Verificada a existência de vício insanável, a autoridade instauradora, ou outra de hierarquia superior, declarará sua nulidade total ou parcial e ordenará, por meio do mesmo ato, a constituição de outra comissão a fim de instaurar novo processo. O julgamento fora do prazo legal não resulta em nulidade do processo. A autoridade que der causa à prescrição de que trata o art. 142, parágrafo 2º, será responsabilizada na forma do estabelecido no Capítulo IV do Título IV. Ocorrendo a extinção da punibilidade pela prescrição, a autoridade determinará o registro do fato nos prontuários individuais do servidor. Quando a infração for capitulada como crime, o processo disciplinar será remetido ao Ministério Público para a instauração da respectiva ação penal, ficando trasladado na repartição. O servidor que responder a processo disciplinar só poderá ser exonerado a pedido, ou aposentado de modo voluntário, após a conclusão do processo e o cumprimento da eventual penalidade. Ocorrida a exoneração de que trata o parágrafo único, inciso I do art. 34, o ato será convertido em **demissão**, se for o caso. Ainda, conforme preconiza o art. 173 da Lei n. 8.112/1990:

> Art. 173. Serão assegurados transporte e diárias:
>
> I – ao servidor convocado para prestar depoimento fora da sede de sua repartição, na condição de testemunha, denunciado ou indiciado;
>
> II – aos membros da comissão e ao secretário, quando obrigados a se deslocarem da sede dos trabalhos para a realização de missão essencial ao esclarecimento dos fatos. (Brasil, 1991a)

A qualquer tempo cabe **revisão** do processo disciplinar, seja a pedido, seja de ofício, desde que sejam aduzidos fatos novos, circunstâncias suscetíveis de justificar a inocência do punido ou a inadequação da penalidade aplicada. Em caso de falecimento, ausência ou desaparecimento do servidor, qualquer pessoa da família poderá requerer a revisão do processo. No caso de incapacidade mental do servidor, a revisão será requerida pelo respectivo curador.

No processo revisional, o ônus da prova cabe ao requerente. A simples alegação, a simples exortação de "injustiça" da penalidade não constitui suficiente fundamento para a revisão, pois esta requer elementos novos que ainda não foram objeto de apreciação no processo originário. O requerimento de revisão do processo deve ser dirigido ao Ministro de Estado (ou autoridade equivalente na administração pública), que, se autorizar a revisão, encaminhará o pedido ao dirigente do órgão ou entidade onde se originou o processo disciplinar. Em caso de deferimento da petição, a autoridade competente providenciará a constituição de comissão, na forma do art. 149 da Lei n. 8112/1990. A revisão corre, então, em apenso ao processo originário.

Na petição inicial, o requerente pede dia e hora para a produção de provas e inquirição das testemunhas que arrolar. A comissão revisora tem 60 dias para a conclusão dos trabalhos. Aplicam-se aos trabalhos da comissão revisora, no que couber, as normas e os procedimentos próprios da comissão original do processo disciplinar, e o julgamento cabe à autoridade que aplicou a penalidade – nos termos do art. 141 da mesma norma. O prazo para julgamento é de 20 dias, contados do recebimento do processo, no curso do qual a autoridade julgadora pode determinar diligências.

Julgada **procedente a revisão**, é declarada sem efeito a penalidade aplicada, restabelecendo-se todos os direitos do servidor, exceto com relação à destituição do cargo em comissão, que é convertida em exoneração. Da revisão do processo não pode resultar agravamento de penalidade, ou seja, a chamada *reformatio in pejus*, a reforma para pior.

Vale registrar que a estrutura lógica fundamental desse instituto administrativo da revisão é análoga à **ação rescisória** regrada pelos arts. 966 a 975 do Código de Processo Civil (CPC – Lei n. 13.105, de 16 de março de 2015 – Brasil 2015a).

— 7.2 —
Sindicância como procedimento administrativo apuratório

Sindicância administrativa, ou simplesmente *sindicância*, é um "procedimento apuratório sumário que tem o objetivo de apurar a autoria ou a existência de irregularidade praticada no serviço público que possa resultar na aplicação da penalidade de **advertência** ou de **suspensão** de até 30 (trinta) dias" (Martins, 2003). Os arts. 143 e 145 da Lei n. 8.112/1990 permitem inferir que a sindicância constitui

> uma medida investigatória de irregularidade cometida ou em fase de ocorrência no serviço público, que se desencadeia sem rito ou procedimento previamente estipulado, cuja finalização pode ensejar: a) o arquivamento do processo; b) a aplicação de penalidade de advertência ou suspensão de até 30 (trinta) dias; c) a instauração de Processo Disciplinar. (Madalena, 1999, citado por Martins, 2003)

Em suma: a sindicância envolve um conjunto de atos ou diligências realizados no âmbito de um órgão ou entidade pública, com o fim de averiguar a autoria e a materialidade de possíveis irregularidades por parte de servidores (Martins, 2003). Sobre sua condução, Martins (2003) sintetiza: "A sindicância administrativa, dependendo da gravidade da irregularidade e a critério da autoridade instauradora, poderá ser conduzida por um sindicante ou por uma comissão disciplinar composta de 02 (dois) ou 03 (três) servidores".

Aplicam-se à sindicância as mesmas disposições do processo administrativo disciplinar relativas ao contraditório e à ampla defesa, entre elas, a citação do indiciado para apresentar defesa escrita no prazo de 10 dias e o direito de vista. No decorrer do processo, é fundamental empreender a busca pela verdade substancial sobre os fatos e os denunciados, a fim de colher provas ou meios de provas admitidos em direito e permitidos por lei (Martins, 2003).

As provas principais produzidas em sindicâncias administrativas são as "clássicas" – as documentais, as testemunhais e as periciais. Contudo, outras podem ser juntadas ou indicadas, sobretudo pelo indiciado-sindicado, caso sejam necessárias e requisitadas. O objetivo é sempre garantir a ampla defesa e o contraditório.

Algumas comissões de sindicância, na prática administrativa cotidiana, entendem que provas mais complexas de serem produzidas seriam mais convenientes no *processo administrativo*. Ao adotar essa postura, a sindicância ficaria minorada em seu propósito sumário. Para Martins (2003),

> todas as provas recolhidas no processo administrativo disciplinar, ou na sindicância administrativa precisam ser reproduzidas em juízo, ou no processo administrativo. Caso contrário, não produzem efeito. Nunca a forma foi tão importante;

aliás, na espécie, não é mera forma. Com exatidão, compõe o processo, e não o procedimento. A prova recolhida no inquérito, ou na sindicância, deve ser repetida, ainda que inexista solicitação nesse sentido. Reproduzir significa passar pelo contraditório.

O órgão da imputação arca com o ônus da prova; o acusado (ou agente público), por seu turno, pela defesa técnica e defesa pessoal têm o direito de rebatê-la. A imputação, de outro lado, é de extensão determinada. Em conseqüência, sem sentido, impor que a pessoa indicada fique a imaginar as características que possam ser relevantes e antecipar a defesa.

A imputação, de outro lado, tem a extensão determinada pela notícia do fato que ensejou a sindicância. E o ensejo é deflagrado pela portaria que a instaurou.

Segundo o art. 145 da Lei n. 8.112/1990, da sindicância administrativa poderá resultar:

> I – arquivamento do processo, no caso de inexistência de irregularidade ou de impossibilidade de se apurar a autoria;
>
> II – aplicação de penalidade de advertência ou suspensão de até trinta dias; ou
>
> III – instauração de processo administrativo disciplinar.
>
> Parágrafo único. O prazo para conclusão da sindicância não excederá 30 (trinta) dias, e pode ser prorrogado por igual período, a critério da autoridade superior. (Brasil, 1991a)

O primeiro resultado indicado na lei – **arquivamento** – ocorre, evidentemente, por falta de indícios suficientes para instauração do processo disciplinar correspondente.

Quanto ao segundo possível resultado – **advertência ou suspensão** –, há de se fazer severa crítica. Esse dispositivo constante no inciso II do art. 145 do Estatuto Federal fere todos os princípios processuais, assim como as garantias fundamentais de natureza constitucional do contraditório e ampla defesa aos acusados em geral – assunto tratado anteriormente.

Sobre tal tema, reproduzimos a seguinte opinião:

> Sindicância jamais condena alguém a coisa alguma. Trata-se de um procedimento facultativo, inquisitório, prévio a qualquer procedimento para pretensão punitiva, que por tudo isso nunca pode ensejar penalização a quem que seja. Ninguém pode ser condenado num inquérito policial, como ninguém pode ser condenado numa sindicância administrativa, nem mesmo à pena de advertência, muito menos à de suspensão. É seguro e pacífico que tantas penalidades quantas a União aplicar em função do inc. II deste art. 145 serão revogadas, com execração para a desavisada autoridade que as aplicar, em mandado de segurança. (Rigolin, 1994, p. 247)

Decidiu o Tribunal Regional da 4ª Região, cuja ementa expressamos a seguir:

> ADMINISTRATIVO. SINDICÂNCIA. SUSPENSÃO. IMPOSSIBILIDADE. NECESSIDADE DE PROCESSO ADMINISTRATIVO.

Processo administrativo disciplinar

A suspensão de policial federal, ainda que por prazo inferior a 30 dias, não pode ser aplicada em simples sindicância, impondo-se a instauração do processo administrativo disciplinar, assegurando a ampla defesa e o contraditório; Apelação de remessa oficial improvida". (TRF4, 1998, p. 427).

Interessante o julgado Recurso em Mandado de Segurança n. 22.789/RJ do STF, que expressou um entendimento um tanto conciliatório: poderá ser aplicada a pena de advertência ou suspensão até 30 (trinta) dias através da instauração de uma sindicância administrativa, desde que seja garantido o contraditório e a ampla defesa:

EMENTA: SERVIDOR PÚBLICO. APLICAÇÃO DA PENA DE ADVERTÊNCIA SEM A INSTAURAÇÃO DE SINDICÂNCIA NA QUAL SE DARIA O EXERCÍCIO DA AMPLA DEFESA DOS QUE VIERAM A SER PUNIDOS. NULIDADE. Do sistema da Lei 8.112/90 resulta que, sendo a apuração de irregularidade no serviço público feita mediante sindicância ou processo administrativo, assegurada ao acusado ampla defesa (art. 143), um desses dois procedimentos terá de ser adotado para essa apuração, o que implica dizer que o processo administrativo não pressupõe necessariamente a existência de uma sindicância, mas, se o instaurado for a sindicância, é preciso distinguir: se dela resultar a instauração do processo administrativo disciplinar, é ela mero procedimento preparatório deste, e neste é que será imprescindível se dê a ampla defesa do servidor; se, porém, da sindicância decorrer a possibilidade de aplicação de penalidade de advertência ou de suspensão de até 30 dias, essa aplicação só poderá ser feita se for assegurado ao servidor, nesse procedimento, sua ampla defesa. No caso, não se instaurou nem sindicância, nem processo administrativo, e sem se dar, por isso mesmo, qualquer oportunidade de defesa aos impetrantes, foi-lhes aplicada pena de advertência, por decisão que foi tomada, como se vê da cópia a fls. 10, em processo administrativo contra terceiro e no qual os impetrantes constituíam a comissão de inquérito. (Brasil, 1999b).

Quanto ao terceiro resultado – **instauração de PAD** –, a comissão processante submete à consideração da autoridade o relatório circunstanciado propondo a respectiva instauração. Nesse ato, os autos da sindicância passam a integrar o PAD como anexo, constituindo-se em uma peça informativa da instrução (art. 154, Lei n. 8.112/1990). Caso o relatório conclua que a infração conincide com algum **ilícito penal**, a autoridade competente encaminha cópia dos autos ao Ministério Público Federal, independentemente da imediata instauração do PAD (art. 154, Lei n. 8.112/1990), pois é dever do administrador comunicar ao *parquet* qualquer ilícito (Martins, 2003).

— 7.3 —

Procedimento sumário e verdade sabida

O procedimento sumário ocorre no caso de infração ao art. 133 da Lei n. 8.112/1990, ou seja, quando detectada a **acumulação ilegal**

de cargos, empregos ou funções públicas. A autoridade que tiver ciência da irregularidade é obrigada notificar o servidor, por intermédio de sua chefia imediata, para apresentar opção como forma de resolver a situação irregular, no prazo improrrogável de dez dias, contado da data da ciência. Entretanto, diante de omissão, adota-se **procedimento sumário** para apuração e regularização imediata, desenvolvendo-se da seguinte forma:

Art. 133. [...]

I – instauração, com a publicação do ato que constituir a comissão, a ser composta por dois servidores estáveis, e simultaneamente indicar a autoria e a materialidade da transgressão objeto da apuração;

II – instrução sumária, que compreende indiciação, defesa e relatório;

III – julgamento.

§ 1º A indicação da autoria de que trata o inciso I dar-se-á pelo nome e matrícula do servidor, e a materialidade pela descrição dos cargos, empregos ou funções públicas em situação de acumulação ilegal, dos órgãos ou entidades de vinculação, das datas de ingresso, do horário de trabalho e do correspondente regime jurídico.

§ 2º A comissão lavrará, até três dias após a publicação do ato que a constituiu, termo de indiciação em que serão transcritas as informações de que trata o parágrafo anterior, bem como promoverá a citação pessoal do servidor indiciado, ou por intermédio de sua chefia imediata, para, no prazo de cinco dias, apresentar defesa escrita, assegurando-se-lhe vista do

Processo administrativo disciplinar

processo na repartição, observado o disposto nos arts. 163 e 164.

§ 3º Apresentada a defesa, a comissão elaborará relatório conclusivo quanto à inocência ou à responsabilidade do servidor, em que resumirá as peças principais dos autos, opinará sobre a licitude da acumulação em exame, indicará o respectivo dispositivo legal e remeterá o processo à autoridade instauradora, para julgamento.

§ 4º No prazo de cinco dias, contados do recebimento do processo, a autoridade julgadora proferirá a sua decisão, aplicando-se, quando for o caso, o disposto no § 3º do art. 167.

§ 5º A opção pelo servidor até o último dia de prazo para defesa configurará sua boa-fé, hipótese em que se converterá automaticamente em pedido de exoneração do outro cargo.

§ 6º Caracterizada a acumulação ilegal e provada a má-fé, aplicar-se-á a pena de demissão, destituição ou cassação de aposentadoria ou disponibilidade em relação aos cargos, empregos ou funções públicas em regime de acumulação ilegal, hipótese em que os órgãos ou entidades de vinculação serão comunicados.

§ 7º O prazo para a conclusão do processo administrativo disciplinar submetido ao rito sumário não excederá trinta dias, contados da data de publicação do ato que constituir a comissão, admitida a sua prorrogação por até quinze dias, quando as circunstâncias o exigirem. (Brasil, 1991a)

Quanto à **verdade sabida**, fazemos aqui breve menção apenas a título de registro acadêmico e histórico. Esse "procedimento"

Processo administrativo disciplinar

ocorria como forma absolutamente sumária de punição. Em tais casos, a autoridade que havia presenciado a infração aplicava a pena pela verdade sabida, de imediato, e sem procedimento instrutório algum, apenas consignando no ato punitivo as circunstâncias em que foi cometida a falta. Essa possibilidade não é mais aceita pelo ordenamento jurídico vigente.

Capítulo 8

Procedimentos de intervenção administrativa na propriedade

Procedimentos de intervenção administrativa na propriedade

Iniciamos este capítulo, apresentando as palavras de Silva (2006), para que, posteriormente, exponhamos os motivos de intervenção na propriedade.

> O art. 170 da CF, assegura e reconhece a propriedade privada e a livre empresa e condicionam o uso destas ao bem-estar social. O Poder Público impõe normas e limites, para o uso e o gozo dos bens e riquezas particulares. O Poder Público intervém na propriedade do particular através de atos que visam satisfazer as exigências coletivas e reprimir a conduta anti-social do particular. Essa intervenção do Estado é instituída pela Constituição e regulada por leis federais que disciplinam as medidas interventivas e estabelecem o modo e forma de sua execução, condicionando ao atendimento do interesse público, mas respeitando as garantias individuais elencadas na Constituição.
>
> A intervenção do Estado na propriedade particular, tem como objetivo principal à [sic] proteção aos interesses da comunidade. (Silva, 2006)

O dito *bem-estar social* é considerado o bem comum e geral do povo. Este, em última análise, está atrelado à justiça social, que só pode ser alcançada por meio do desenvolvimento da sociedade em seus vários aspectos. Com o fito de atingir esse bem-estar social, o Poder Público pode praticar certas intervenções na propriedade privada, desde que observados os limites normativos atribuídos a cada entidade estatal, sempre preservando, porém, as garantias e os direitos individuais (Silva, 2006).

Procedimentos de intervenção administrativa na propriedade

Nesse contexto, a União tem competência para intervir na propriedade e regulá-la, por força dos arts. 22, incisos II e III, e art. 173 da Constituição. Já os poderes estaduais e municipais são exercidos tão somente no sentido de praticar o policiamento administrativo e a regulamentação do uso da propriedade – conforme as normas editadas pela União. Segundo Silva (2006), intervenção na propriedade privada é

> todo ato do Poder Público que retira e restringe compulsoriamente direito dominiais privados ou sujeita o uso de bens particulares em virtude do atendimento aos interesses da comunidade.
>
> A intervenção na propriedade privada fundamenta-se na necessidade pública, utilidade pública e no interesse social, devendo vir, portanto, expresso em lei federal que autorize tal ato. Pode ser praticado pela União, Estados-membros e Municípios (art. 170, III, da CF). Mas as normas de intervenção são privativas da União.

Na intervenção, o Poder Público pode suprimir a propriedade privada para dar-lhe uma destinação pública ou de interesse social – como acontece com o instituto da **desapropriação**, o qual será examinado adiante. Também a intervenção pode ocorrer com a finalidade de solucionar uma situação de iminente interesse público, mediante **requisição**; pode ordenar socialmente seu uso, por meio das **limitações** e das **servidões** administrativas; e pode utilizar temporariamente o bem particular em uma **ocupação** temporária.

— 8.1 —
Direito de propriedade

Segundo Marinela (2018, p. 941),

> o direito de propriedade consiste em um direito individual que assegura a seu titular uma série de poderes de cunho privado, civilista, dentre os quais estão os poderes de usar, gozar, usufruir, dispor e reaver um bem, de modo absoluto, exclusivo e perpétuo, com fundamento no art. 5º, XXII e XXIII, da CF.

De modo absoluto, a propriedade garante ao proprietário o direito de dispor de seu bem como lhe aprouver, estando sujeito apenas a determinadas limitações impostas pelo direito de outros particulares. É um direito *erga omnes* (contra tudo e contra todos). O **caráter exclusivo** se traduz no exercício particular do direito (sem interferência de outros); afinal, um mesmo bem não pode pertencer com exclusividade e simultaneamente a duas pessoas – uma vez que o direito de um exclui o direito do outro (Marinela, 2018). O Código Civil – Lei n. 10.406, de 10 de janeiro de 2002 – dispõe, em seu art. 1.231: a "propriedade presume-se plena e exclusiva, até prova em contrário" (Brasil, 2002). Entretanto, no atual contexto, segundo a professora Marinela (2018, p. 941):

> o direito de propriedade não pode ser visto como direito absoluto, sem qualquer ônus para quem o detém, estando condicionado ao cumprimento da sua função social, sob pena de

intervenção do Estado para suprimi-la. Por função social da propriedade, entende-se a necessidade desse direito, em consonância com as suas finalidades econômicas e sociais e de conformidade com o estabelecido em lei especial, incluindo ainda o respeito à flora, à fauna, às belezas naturais, ao equilíbrio ecológico e ao patrimônio histórico e artístico, bem como evitar a poluição do ar e das águas.

Conforme abordado, em regra, é garantido o direito de propriedade, entretanto esta deve atender à sua função social (nos termos do art. 5º, XXII e XXIII, da CF). Muito embora esse direito esteja assegurado pela Constituição Federal (CF), há situações em que ele será relativizado como consequência do **princípio da supremacia do interesse público sobre o particular** na busca do interesse da sociedade. A competência para legislar sobre propriedade é da União, conforme o art. 22, inciso I, da CF/1988. A lei, ao disciplinar esse direito, não pode erradicá-lo do ordenamento jurídico positivo – exatamente por ser fundamental e de cláusula pétrea –sendo-lhe facultado somente fixar limitações. Há, ainda, outros dispositivos constitucionais:

a. o art. 182, § 2º da CF se refere à função social quando estabelece a política urbana, exigindo o cumprimento de normas de organização das cidades, expressas nos planos diretores;

b. o art. 5º, inciso XXV, prevê a possibilidade de intervenção do Estado na propriedade do particular quando se tratar de iminente perigo, hipótese denominada *requisição*;

Procedimentos de intervenção administrativa na propriedade

c. o artigo 5º, inciso XXIV, estabelece a possibilidade de desapropriação quando presente um dos fundamentos: necessidade pública, utilidade pública e interesse social.

Ademais, há outras três espécies de desapropriação sancionatórias na CF: (1) a **desapropriação urbanística**, prevista no art. 182, parágrafo 4º, inciso III; (2) a **desapropriação rural para reforma agrária**, arts. 184 e 191; e (3) a **desapropriação confiscatória**, expressa no art. 243. Essas hipóteses serão estudadas em pormenores adiante.

— 8.2 —

Intervenção na propriedade e poder de polícia

Em regra, o Poder Público não intervém na propriedade e somente o faz em caráter excepcional e nas hipóteses autorizadas pela lei. Em alguns casos, essa intervenção tem origem no exercício do poder administrativo de polícia – assunto abordado em capítulo anterior.

O poder de polícia, em sentido amplo – o que inclui obrigações de todo gênero (fazer, não fazer, tolerar) – está presente em quase todas as modalidades de intervenção estatal sobre a propriedade privada. Isso não se aplica de modo significativo na desapropriação – porque a modalidade não é mera limitação a um direito, uma vez que o Estado adquire a propriedade. A desapropriação é supressão do direito de propriedade; é ato

Procedimentos de intervenção administrativa na propriedade

compulsório, ao passo que as demais formas de intervenção representam apenas medidas restritivas a esse direito. Desse modo, o poder de polícia se presentifica somente na modalidade de intervenção limitativa e não na supressiva, expropriatória.

É necessário distinguir as limitações ou restrições de caráter privado – as quais encontram fundamento nas leis do Direito Civil – das decorrentes da necessidade de atender ao interesse geral – sendo estas normas imperiosas reguladas pelo Direito Público. As primeiras, bastante antigas, referem-se às relações entre particulares e têm como expoente as servidões elencadas no rol dos direitos reais; já as segundas, as de caráter publicístico têm finalidade evidentemente pública. São intervenções de ordem urbanística, de saúde, de segurança etc. Elas nasceram como resultado do progressivo aumento das obrigações do proprietário perante a todos os membros do corpo social. São obrigatórias, impostas pela Administração, com base em seu poder de império e no exercício do poder de polícia. Ademais, essas restrições impostas por ato de poder administrativo de polícia podem servir tanto à satisfação do interesse público quanto do interesse privado. Nesta obra, dedicaremos mais atenção às intervenções de interesse público.

— 8.3 —
Formas de intervenção na propriedade: restritiva e supressiva

Há duas formas de intervenção na propriedade privada: a restritiva e a supressiva. A primeira ocorre de tal modo que o Estado intervém, mas o bem continua no domínio privado, isto é, a propriedade continua sob o particular, situação em que o Poder Público apenas retira alguns atributos de seu domínio. É o caso da requisição administrativa; da servidão administrativa; da ocupação temporária; da limitação administrativa; e do tombamento. A segunda forma, a supressiva, revela-se na transferência da propriedade do particular para o Estado. É o caso da desapropriação e da pena de perdimento de bens[1].

— 8.3.1 —
Requisição administrativa

Requisição administrativa é uma forma de intervenção na propriedade e ocorre em caso de iminente perigo público. Não retira a propriedade muito embora atinja o seu elemento fundamental, que é o pleno uso e gozo do bem. Encontra fundamento no art. 5º, inciso XXV[2], da CF. Os estudiosos do tema reconhecem

---

1 O perdimento de bens – presente nos Direito Penal, Tributário e Aduaneiro – não será explorado neste livro.

2 CF/1988: "Art. 5º [...] XXV – no caso de iminente perigo público, a autoridade competente poderá usar de propriedade particular, assegurada ao proprietário indenização ulterior, se houver dano;" (Brasil, 1988).

Procedimentos de intervenção administrativa na propriedade

ainda o art. 5º, inciso XXIII[3], assim como o art. 170, inciso III[4], do texto constitucional – dispositivos estes que condicionam a propriedade à sua função social e dão fundamento geral à intervenção quando ocorre a hipótese de descumprimento dessa ordem. A **competência** para legislar sobre o tema é da União, seja sobre a requisição civil ou a requisição militar – quando houver respectivamente o iminente perigo e o tempo de guerra – conforme prevê do art. 22, inciso III[5], da Constituição.

Ao exercer essa competência, além de outras normas para situações específicas, aponta o Código Civil (Brasil, 2002), definindo o direito de propriedade, que ao proprietário é facultado usar, gozar e dispor do bem, assim como tem o direito de reavê-lo do poder de quem quer que injustamente o detenha. Admite-se, entretanto, a possibilidade de ele ser privado do bem, nos casos de **desapropriação**, por necessidade ou utilidade pública ou interesse social, e de **requisição**, diante de perigo público iminente. Essa regra está expressa no art. 1.228, parágrafo 3º, do Código Civil. Portanto, há mais esse fundamento de ordem legislativo-ordinária na esfera do Direito Privado.

Ressaltamos que o administrador público não pode requisitar bens e serviços de forma discricionária e livre. Ele está

---

3   CF/1988: "Art. 5º [...] XXIII – a propriedade atenderá a sua função social;" (Brasil, 1988).

4   CF/1988: "Art. 170. A ordem econômica, fundada na valorização do trabalho humano e na livre iniciativa, tem por fim assegurar a todos existência digna, conforme os ditames da justiça social, observados os seguintes princípios: [...] III – função social da propriedade;" (Brasil, 1988).

5   CF/1988: "Art. 22. Compete privativamente à União legislar sobre: [...] III – requisições civis e militares, em caso de iminente perigo e em tempo de guerra;" (Brasil, 1988).

Procedimentos de intervenção administrativa na propriedade

condicionado à presença de um perigo público iminente, ou seja, aquele que não apenas coloque em risco a coletividade, mas também esteja prestes a se consumar ou a expandir-se de modo inevitável se alguma medida não for tomada. Essas situações envolvem, além de ações humanas, fenômenos naturais, como inundações, catástrofes e epidemias. A requisição pode incidir sobre bens móveis, bens imóveis e sobre serviços. Realiza-se um procedimento unilateral e autoexecutório, que não depende da aquiescência do proprietário, nem de prévia intervenção do Poder Judiciário. Em geral é ato oneroso, ocorrendo _a posteriori_ a indenização que será calculada.

Ocorre ainda a **requisição de bens móveis e fungíveis**, que

> atinge a faculdade que tem o proprietário de dispor da coisa segundo sua vontade; implica a transferência compulsória, mediante indenização, para satisfazer a interesse público; afeta o caráter perpétuo e irrevogável do direito de propriedade. Assemelha-se à desapropriação, mas com ela não se confunde porque na requisição a indenização é posterior e o fundamento é necessidade pública inadiável e urgente, enquanto na desapropriação, a indenização é prévia, o fundamento é necessidade, utilidade pública e interesse social. (Marinela, 2022, p. 939)

Na requisição, por sua vez, o pagamento é posterior, e o que a motiva é uma urgência. A fim de satisfazer necessidades próprias, há diplomas legais que reconhecem e disciplinam a requisição, como: o Decreto-Lei n. 4.812, de 8 de outubro de 1942, que

Procedimentos de intervenção administrativa na propriedade

dispõe " sobre a requisição de bens imóveis e móveis, necessários às forças armadas e à defesa passiva da população" (Brasil, 1942); e o Decreto-Lei n. 2, de 14 de janeiro de 1966, que "autoriza a requisição de bens ou serviços essenciais ao abastecimento da população" (Brasil, 1966a).

Existe, ainda, a possibilidade de **requisição de aeronaves** a fim de cuidar das buscas, assistências e salvamentos. O art. 54 da Lei n. 7.565, de 19 de dezembro de 1986 (Brasil, 1986) – Código Brasileiro de Aeronáutica –, estabelece que o órgão do Ministério da Aeronáutica encarregado de coordenar as operações pode fazer requisição de aeronave em voo ou a que estiver pronta para a imediata prestação de socorro, considerando que a obrigação, sempre que possível, recai sobre essas aeronaves. Na falta de outros recursos, a autoridade competente pode atribuir a qualquer dessas aeronaves missão específica nessas operações.

Outra situação é a de **requisição de leitos e serviços hospitalares**. A Lei n. 8.080, de 19 de setembro de 1990, disciplina as "condições para a promoção, proteção e recuperação da saúde, a organização e o funcionamento dos serviços correspondentes" (Brasil, 1990), além de definir as atribuições dos entes políticos pertinentes à matéria. A norma reconhece que a União, os estados, o Distrito Federal e os municípios devem atender, cada qual em seu âmbito administrativo, às "necessidades coletivas, urgentes e transitórias, decorrentes de situações de perigo iminente, de calamidade pública ou de irrupção de epidemias", podendo "requisitar bens e serviços, tanto de pessoas naturais como de

Procedimentos de intervenção administrativa na propriedade

jurídicas, sendo-lhes assegurada justa indenização", conforme previsão do art. 15, inciso. XIII (Brasil, 1990).

— 8.3.2 —
Servidão e limitação administrativas

A **servidão administrativa** é um direito real público sobre propriedade particular[6], que faz restringir o seu uso em favor do interesse público. Diferentemente da desapropriação, a servidão mantém a propriedade do bem criando restrições ao uso e gozo. O fundamento material para a existência da servidão administrativa é a supremacia do interesse público presente nas demais modalidades de intervenção. Não há uma lei específica que trate da servidão. A norma que dá fulcro a esse instituto de direito público é o art. 40 do Decreto-Lei n. 3.365, de 21 de junho de 1941 – Lei de Desapropriação – e que a define por necessidade e utilidade pública e dispõe especificamente que o "expropriante poderá constituir servidões, mediante indenização na forma desta lei" (Brasil, 1941a). Essa norma é um tanto imprecisa e vetusta e já apresenta dificuldades no atendimento das necessidades do instituto. Muito embora o comando seja um pouco turvo, é fato que a servidão não tem relação de dependência com a desapropriação, não estando a ela condicionada.

---

6 Exemplos de servidão administrativa: a instalação, em um imóvel, de placa com o nome da rua; a passagem de fios e cabos em uma propriedade; oleodutos, redes de água e esgoto.

Procedimentos de intervenção administrativa na propriedade

Os dois institutos são autônomos, apesar de a servidão adotar o mesmo procedimento da Lei Geral das Desapropriações.

Na esteira da modernização dos serviços públicos e de sua desestatização, leis posteriores também passaram a tratar da servidão. A Lei n. 8.987, de 13 de fevereiro de 1995 (Brasil, 1995), que disciplina a concessão e a permissão de serviços públicos, determina a obrigação de o Poder Concedente instituir servidões ou desapropriações necessárias à prestação do serviço objeto de outorga de concessão. Ademais, a Lei n. 9.427, de 26 de dezembro de 1996 (Brasil, 1996b) e a Lei n. 9.472, de 16 de julho de 1997 (Brasil, 1997a), que tratam, respectivamente, de energia elétrica e de telefonia, permitem a instituição de servidões administrativas como ato necessário à prestação da atividade. Exemplos são a instalação de torres de energia, de telefonia, oleodutos, cabos de fibra ótica etc.

Uma vez que a servidão tem natureza de direito real sobre coisa alheia, apresenta como **elementos** definidores de seu conteúdo jurídico:

a. ser bem imóvel;

b. ter natureza pública a fim de diferenciá-la da servidão civil;

c. ter como razão de existir a utilidade pública e a coisa serviente, ser um imóvel de propriedade privada – o que a diferencia da servidão privada;

d. o titular do direito real ser o Poder Público ou seus delegados (autorizados por lei ou contrato, por exemplo, concessionárias de serviço público);

Procedimentos de intervenção administrativa na propriedade

e. ter por finalidade a prestação de um serviço pública ou execução de obra de mesma natureza;

f. possibilidade de indenização ao proprietário particular do imóvel, se houver dano.

O ônus real advindo da servidão deve ser imposto especificamente a uma propriedade **alheia** e **definida**, com base na lei, por ente público ou por seus delegados. Tendo em vista ser a servidão um **direito real**, apresenta um caráter perpétuo, o que a diferencia, por conseguinte, da ocupação temporária. No entanto, tal perpetuidade não é absoluta, já que é possível ao Poder Público não mais ter interesse na restrição, podendo, portanto extingui-la. A natureza real da servidão resulta em consequências práticas para sua formalização, ou seja, exige o registro no ofício de imóveis.

No que concerne ao **objeto** da servidão, ressaltamos que deve ser bem imóvel e alheio, de maneira que a aquisição desse bem pelo ente que instituiu a servidão é causa de sua extinção e de sua desnaturalização, passando a configurar desapropriação. Lembramos que nada impede que essa intervenção ocorra em face de bens públicos, desde que sejam alheios; a título de exemplo, citamos a rede de água e esgoto do estado que atinge uma área pertencente ao município.

A servidão administrativa pode advir de uma **previsão legal**, não precisando, nessas hipóteses, de qualquer ato jurídico complementar para sua constituição – como ocorre com as servidões instituídas em margens de rios com vistas ao policiamento das águas; a proteção nas cercanias dos aeroportos que visa a resguardar o serviço de navegação aérea.

A servidão também pode decorrer de **acordo**, quando é formalizado um contrato precedido de ato declaratório de utilidade pública, semelhante ao que ocorre na desapropriação. Nessa hipótese, aplica-se o art. 40 do Decreto-Lei n. 3.365/1941, que observa o mesmo procedimento da desapropriação.

Admite-se, por fim, a servidão como consequência de uma **sentença judicial**. Ela se dá quando não há acordo, quando surge um conflito entre o particular e o Estado e se faz necessária a intervenção jurisdicional com a imposição da força.

Na ocorrência de servidão decorrente de acordo ou decisão judicial, quando considerada servidão **não aparente**, é condição obrigatória o registro no Cartório de Registro de Imóveis, em atendimento às exigências da Lei de Registros Públicos, Lei n. 6.015, de 31 de dezembro de 1973 (Brasil, 1973), que, em seu art. 167 torna a servidão oponível *erga omnes*, com a finalidade de garantir a proteção em face de terceiros. Hoje a exigência do registro em alguns casos específicos – nos quais há evidente reconhecimento em razão da natureza das obras realizadas ou tornadas aparentes, permanentes e contínuas – é despicienda a formalidade o que é objeto da Súmula n. 415 do Supremo Tribunal Federal (STF)[17].

---

7   STF, Súmula n. 415 "Servidão de trânsito não titulada, mas tornada permanente, sobretudo pela natureza das obras realizadas, considera-se aparente, conferindo direito à proteção possessória" (Brasil, 2017, p. 236).

No que concerne à **indenização** das servidões, afirma-se que esta não é regra absoluta, isto é, se a servidão não causar dano ou não causar impedimento de uso normal da propriedade pelo dono, não há de se falar em indenização. Entretanto, essas situações têm sido bastante raras na prática. Recordemos, porém, que há o caso, por exemplo, das servidões instituídas por meio de lei –, em que não se admite a indenização, porque se considera que o instituto é ato impositivo e que atinge a toda a coletividade, ressalvadas, contudo, situações singulares. Exemplo seria um edifício que venha a sofrer individualmente um prejuízo maior que os demais se tiver seu pátio de estacionamento inviabilizado, ou qualquer restrição relevante contra si somente.

Nas hipóteses de servidões instituídas mediante contrato e sentença judicial, o dever de indenizar fica condicionado ao cálculo do efetivo prejuízo, devendo ser examinado cada caso em concreto.

Apesar de a servidão ter natureza real e, portanto, gozar do caráter da perpetuidade como qualquer direito dessa natureza, a regra que a perpetua não é absoluta e deve ser entendida no sentido de que sua manutenção se verifica enquanto perdurar o interesse público que justificou sua instituição. Não tem prazo fixado, devendo ser mantida pelo período em que houver a utilidade pública do prédio serviente. Por paralelismo de forma, sua **extinção** deve ser realizada por lei, entretanto ela pode ser extinta mediante:

a. perda da coisa gravada, ou sua destruição por causas naturais ou catastróficas;

b. desafetação ou afetação da coisa, isto é, quando destinada a fim diferente que não exija mais servidão. Ex.: mudança de local do aeroporto, da refinaria, da linha elétrica de maneira que os imóveis do entorno não mais serão afetados;

c. transformação da coisa por fato que a torne incompatível com seu destino;

d. desinteresse do Estado, passando o poder público a extinguir a servidão;

e. incorporação do imóvel ao patrimônio estatal, caracterizando "confusão entre o dominante e o serviente" – o que afastaria o requisito de ser coisa alheia transformando-se, na prática, numa desapropriação, assunto que será abordado adiante.

Há um instituto interventivo semelhante: a **limitação administrativa**. A complexidade da distinção entre ambas não está no conceito nem em suas características, mas sim na aplicação prática de cada um dos institutos. Segundo Justen Filho (2010, p. 593),

> consiste numa alteração do regime jurídico privatístico da propriedade, produzida por ato administrativo unilateral de cunho geral, impondo restrições das faculdades de usar e fruir de bem imóvel, aplicável a todos os bens de uma mesma espécie, que usualmente não gera direito de indenização ao particular.

A limitação tem um **caráter abstrato**, e o interesse é genericamente considerado. Já a servidão atinge um bem específico de modo que a utilidade pública está corporificada na função e na existência material da coisa, na limitação, não existe essa relação de dominação com aquele bem; não há a presença do objeto dominante como acontece na servidão. Enfim, o proprietário mantém em suas mãos os direitos inerentes ao domínio, ficando submetido apenas às normas regulamentadoras para compatibilizá-lo ao interesse social.

Na limitação administrativa, a propriedade não é afetada em sua exclusividade, mas em seu caráter de direito absoluto. Tal instituto atinge indivíduos indeterminados em sua liberdade de uso pleno da propriedade. Incide sobre bens ou atividades dos particulares e desdobra-se em três atividades: (1) limitar; (2) fiscalizar; e (3) impor sanções aos particulares. Em regra, a limitação administrativa não implica o dever de indenizar o particular – apenas se houver dano demonstrado e caracterizado no caso concreto. Ela é uma espécie de **direito pessoal**, porque o poder de polícia manifesta-se, em regra, por meio de obrigações de não fazer impostas ao proprietário.

Um exemplo bastante conhecido de limitação é a de natureza urbanística, segundo a qual há certa impossibilidade de se levantar pavimentos em edifícios de uma região da cidade, ficando todos os prédios limitados a um teto construtivo. Também é limitação administrativa o conhecido recuo construtivo que é imposto à porção frontal dos imóveis.

Procedimentos de intervenção administrativa na propriedade

Didaticamente, declaramos que a limitação administrativa, a ocupação temporária e a requisição são formas de intervenção de natureza **pessoal**, ao passo que a servidão tem indiscutível natureza **real**.

Em suma, a limitação administrativa é forma de intervenção restritiva que institui um não fazer ao proprietário, e a servidão lhe impõe um suportar. A servidão constitui direito real de uso e gozo em favor do Poder Público ou da coletividade. Eis aí a distinção.

— 8.3.3 —
Ocupação temporária

A ocupação temporária – outra forma de intervenção restritiva – é, de acordo com Meirelles (2010, p. 662), a

> utilização transitória, remunerada ou gratuita, de bens particulares pelo Poder Público, para a execução de obras, serviços ou atividades públicas ou de interesse público (CF, art. 5º, XXV). O fundamento da ocupação temporária é, normalmente, a necessidade de local para depósito de equipamentos e materiais destinados à realização de obras e serviços públicos nas vizinhanças de propriedade particular.

Pode ser transferida a concessionários e empreiteiros, desde que haja autorização do Poder Público. Dessa forma, consiste na **utilização transitória**, gratuita ou remunerada, de imóvel de propriedade particular para fins de interesse público. Também afeta a exclusividade do direito de propriedade.

Sua natureza jurídica é um tanto polêmica. Em certos aspectos, ela se assemelha à servidão administrativa e, em outros, ela se parece com a desapropriação, mas tendo caráter temporário. No entanto, a ocupação tem particularidades e não equivale a outras modalidades interventivas, apesar de guardar semelhanças com elas. Tal instituto pode ser empregado em várias necessidades públicas, como a execução de obras e prestação de serviços temporários ou definitivos.

Há algumas situações clássicas em que se faz necessária a ocupação temporária: realização de obras pelo Poder Público e as pesquisas mineral ou arqueológica. O tipo mais comum de ocupação provisória está previsto no art. 36 do Decreto-Lei n. 3.365/1941, sendo um **instituto complementar** à desapropriação, o qual concede ao Poder Público o direito de uso provisório de terrenos não edificados, vizinhos à área desapropriada, na qual será realizada uma obra pública. Essa ocupação é necessária à sua realização, com indenização ao fim e até mesmo a possibilidade de prestação de caução quando exigida.

Dito isso, suas **condições** são:

a. realização de obra pública em local objeto de desapropriação;

b. necessidade de ocupação de terrenos próximos;

c. inexistência de edificação no terreno a ser ocupado;

d. obrigatoriedade de indenização e de caução prévia, se exigida.

Vale lembrar que a ocupação temporária, deve observar as formalidades do Decreto-Lei n. 3.365/1941, com a formalização de ato, utilizando-se o decreto específico do Chefe do Poder Executivo que declara a desapropriação da área vizinha, não existindo impedimento para um ato autônomo. A ocupação fica atrelada, nesse caso, acessoriamente à desapropriação.

O instituto da ocupação pode, ainda, ser utilizado em outra hipótese. Na Administração Pública, é comum, quando há a suspeita de existência de um parque arqueológico ou jazida mineral, realizar-se a desapropriação com a finalidade de dar início à pesquisa – possibilidade prevista na Lei n. 3.924, de 26 de julho de 1961 (Brasil, 1961), que dispõe sobre os monumentos arqueológicos e pré-históricos. Caso não tivesse resultado o fruto imaginado, a desapropriação perderia seu efeito, caracterizando uma intervenção desnecessária dispendiosa. A fim de evitar esse possível risco, o Poder Público recentemente vem lançando mão da ocupação temporária como cautela preliminar para a realização das escavações e pesquisas, seja para fins arqueológicos, para lavra de petróleo ou para investigar jazidas várias.

Estados, municípios e União, sempre mediante autorização federal, podem proceder a ocupação para escavação e pesquisa no interesse da arqueologia e da pré-história em terrenos de propriedade particular. O parágrafo único do art. 13 da Lei n. 3.924/1961 prevê que, se não houver "acordo amigável com o proprietário da área onde se situa a jazida, será esta declarada de utilidade pública e autorizada a sua ocupação pelo período necessário à execução dos estudos, nos termos do art. 36 do Decreto-Lei n. 3.365, de 21 de junho de 1941" (Brasil 1961).

Ainda, o art. 14 e parágrafos da Lei n. 3.924/1961 estabelecem que, havendo a "ocupação temporária do terreno, para a realização de escavações nas jazidas declaradas de utilidade pública, deverá ocorrer a lavratura de um auto" (Brasil, 1961), preliminar aos estudos, no qual haverá a descrição das condições do local e, findados os estudos, a área deverá ser restabelecida, sempre que possível, em suas características iniciais. Caso a jazida tenha significativo valor arqueológico, em situações especiais, o Estado pode declarar a utilidade pública e proceder à desapropriação do imóvel ou de parte dele.

A seguir, examinaremos outras hipóteses de ocupação temporária.

A norma geral de Licitações e Contratos Administrativos – Lei n. 8.666, de 21 de junho de 1993 (Brasil, 1993b) – estabelece que, nos **contratos administrativos** em que houver a prestação de serviços essenciais, e com o fundamento de não haver interrupção em sua continuidade, a Administração pode – enquanto investiga administrativamente, por meio de processo próprio, eventuais faltas contratuais pelo contratado, ou a eventual rescisão do contrato – ocupar provisoriamente bens móveis, imóveis, pessoal e serviços vinculados ao objeto do contrato. Tal hipótese restringe-se aos **serviços essenciais** e quando a paralisação caracteriza prejuízo para a coletividade, representando uma **cláusula exorbitante**, que é típica dos contratos administrativos. Situações exemplificativas são greves e locautes no

Procedimentos de intervenção administrativa na propriedade

serviço de transporte coletivo. O Poder Público ocupa as garagens e os ônibus e presta o serviço ele mesmo com a finalidade de não deixar a população desprovida desse serviço.

Disciplinando especificamente os **contratos de concessão e permissão de serviços públicos**, a Lei n. 8.987/1995 – Lei de Concessões – reconhece que, em caso de extinção da concessão, está autorizada a assunção do serviço pelo poder concedente, com isso, é permitido a este proceder à ocupação das instalações e à utilização de todos os bens passíveis de reversão – ou seja, aqueles considerados essenciais ao serviço e que serão transferidos para a Administração quando da extinção do contrato. A previsão está no art. 35, parágrafos 2º e 3º, servindo ao objetivo de manter a continuidade do serviço. Nas hipóteses de ocupação temporária, aplica o chamado *princípio da solenidade* – isto é, a edição de um ato próprio dotado dos atributos próprios dos atos administrativos.

No que concerne à **indenização**, em regra, não há tal dever, sendo forma gratuita de intervenção[18]. Exceção se faz, como já mencionado, quando a ocupação se der na hipótese do art. 36 do Decreto-Lei n. 3.365/1941, em que a previsão é expressa na lei. Reiteramos que, no caso da pesquisa de minérios e sítios arqueológicos, alguma destruição parece ser sempre inevitável, devendo o bem ser reconstruído ou indenizado quando da restituição.

---

8 Vale lembrar um detalhe prático: essa ausência de indenização não é absoluta, sendo cabível no caso de ocorrência de danos concretos aos bens do particular.

— 8.3.4 —
Tombamento

O tombamento é uma das formas de intervenção do Estado na propriedade e tem previsão no Decreto-Lei n. 25, de 30 de novembro de 1937 (Brasil, 1937). Nas conceituações de Meirelles (2010, p. 662), tombamento é:

> A declaração pelo Poder Público do valor histórico, artístico, paisagístico, turístico, cultural ou científico de coisas ou locais que, por essa razão, devam ser preservados, de acordo com a inscrição em livro próprio. Atualmente, sua efetivação, como forma de proteção ao patrimônio público, está expressamente prevista na CF, em seu art. 216, § 1º [...].

Tombamento é ato de intervenção na propriedade que restringe a liberdade do proprietário em seu **caráter absoluto**, instituído com o objetivo primacial de sua conservação. Uma vez realizado, é como se o Poder Público congelasse o bem, impondo-lhe várias restrições peculiares a fim de conservá-lo. Sua preservação, normalmente, é justificada por diversos aspectos reputados como relevantes para a história do país, da cidade ou do estado, seja pelo valor cultural, seja em razão de aspectos artísticos relevantes. Há também a relevância do cenário natural, das paisagens. Igualmente estão submetidos a tombamento os monumentos naturais, bem como sítios e paisagens que necessitem de conservação e proteção, motivado pela sua "feição notável com que tenham sido dotados pela natureza ou agenciados pela indústria humana" – é esse o espírito do art. 1º do Decreto-Lei n. 25/1937 (Brasil, 1937).

O instituto interventivo pode ser considerado uma **limitação perpétua** ao direito de propriedade em favor do interesse coletivo e, apesar de ser reputada com uma restrição parcial ao direito, afeta seu caráter absoluto, ainda que o proprietário continue possuindo o bem. É uma forma **restritiva e não supressiva** de intervenção.

O nome *tombamento* deita raízes no fato de o instituto se perfazer com o registro em livro próprio, denominado *Livro do Tombo*. A expressão tem origem lusitana, e o Brasil a herdou do direito português.

A natureza jurídica do tombamento é matéria um tanto diáfana. Tal instituto tem feições da servidão e aspectos da limitação administrativa, pois é imposto no benefício do interesse público – apesar de diferir no requisito da individualização do imóvel. O tombamento é efetivamente um **instrumento especial** de intervenção restritiva na propriedade privada, com característica própria e inconfundível em relação às demais formas de intervenção.

Embora parecido com a servidão, por haver ato administrativo que individualiza o bem e que é objeto de inscrição no *Livro do Tombo*, não há a relação de dominação. O que há é um interesse público abstrato (o valor histórico-cultural), o que não consta na natureza da servidão. Mesmo quando o tombamento é geral, incidindo sobre um bairro ou uma rua, existe a individualização, pois não é qualquer bem, são apenas aqueles inseridos no local determinado, claramente indicado – o que significa que cada um deles, especificamente, sofre a restrição. Desapropriação e tombamento também são institutos que não se confundem. A desapropriação – sobre a qual versaremos adiante – é uma modalidade de restrição supressiva da propriedade, ou seja, há a transferência da propriedade para o Poder Público – o que não existe no tombamento. O que infelizmente pode ocorrer é uma forma discreta de desapropriação quando o Estado, ao tombar o imóvel, impõe tantas restrições ao exercício do direito de propriedade que resulta em verdadeiro impedimento de usar e fruir do bem, caracterizando, assim, uma desapropriação sem utilizar das formalidades próprias do instituto.

Ressaltamos que a desapropriação para fins de utilidade pública igualmente pode ser efetivada com fundamento na preservação e conservação dos monumentos históricos e artísticos – conforme prevê o art. 5º, alínea "k", do Decreto-Lei n. 3.365/1941 –, o que se justifica quando a restrição parcial mediante tombamento não é suficiente para proteger o bem. Contudo, nessa hipótese, existe uma clara retirada do direito de propriedade e, por conseguinte, o dever de indenizar o proprietário. Essa não é, frisamos, hipótese de tombamento. É, de fato, uma desapropriação. Esses institutos, apesar de se tangenciarem, também não se confundem.

Quanto à possibilidade de **indenização** pelo tombamento, prevalece a ideia de que o dever de conservar o bem, com a preservação de suas características originais, não gera prejuízo, não

Procedimentos de intervenção administrativa na propriedade

havendo, portanto, justificativa para a indenização. Ocorre que, essa orientação recebe algumas ressalvas. A considerar que o tombamento é um benefício coletivo, não é razoável, em razão do princípio da isonomia, que o proprietário suporte sozinho o ônus da intervenção. Portanto, seria cabível a indenização estatal em caso de haver encargo desproporcional para o proprietário com o advento de despesas extraordinárias na conservação do bem. Nesse caso, parece bastante justo que tais custos recaiam sobre Poder Público.

Há, ainda, a hipótese de indenização decorrente de esvaziamento do valor econômico do bem – caso em que a intervenção na propriedade passa a ser praticamente de caráter supressivo, configurando quase uma desapropriação. É um precedente uma decisão bastante emblemática do Superior Tribunal de Justiça (STJ) – Recurso Especial n. 220.983/SP:

> 3. O ato administrativo de tombamento de bem imóvel, com o fim de preservar a sua expressão cultural e ambiental, esvaziar-se, economicamente, de modo total, transforma-se, por si só, de simples servidão administrativa em desapropriação, pelo que a indenização deve corresponder ao valor que o imóvel tem no mercado. Em tal caso, o Poder Público adquire o domínio sobre o bem. Imóvel situado na Av. Paulista, São Paulo. [...] (Brasil, 2000c)

Como já mencionamos, infelizmente o Poder Público lança mão desses ardis com o objetivo de, usando de determinado instituto interventivo, atingir de maneira discreta um objetivo

Procedimentos de intervenção administrativa na propriedade

diferente daquele que efetivamente está contido na publicização no ato escolhido.

— 8.3.5 —

Desapropriação

A intervenção supressiva da propriedade denominada *desapropriação* é tema intrincado, sendo um dos mais relevantes pontos do conflito entre o Poder Público e a figura do proprietário.

Desapropriação é um procedimento administrativo, mediante o qual o Estrado adquire de modo **compulsório** a propriedade particular para fins de interesse público, atingindo-se, como em qualquer intervenção, a faculdade de o proprietário dela dispor segundo sua vontade. A desapropriação afeta o caráter perpétuo e irrevogável do direito de propriedade. No entanto, é componente inerente e fundamental à desapropriação a existência da respectiva **indenização**. Ela assume forma de **aquisição originária** de propriedade e independe de qualquer ato, título anterior ou de relação direta com o antigo proprietário – o que a difere da forma obrigacional de aquisição.

No instituto administrativo, a relação acontece entre o Estado e a coisa, e a desapropriação só pode ser feita em caráter excepcional – uma vez que Administração, em regra, não deve interferir na propriedade –, razão pela qual ela não pode ultrapassar os limites impostos pela lei.

A desapropriação só é efetivada quando há um dos **pressupostos** previstos na legislação, que são: necessidade pública, utilidade pública e interesse social. Ela também é um instrumento de intervenção estatal que visa à efetivação da **função social da propriedade privada** – algo que nasceu com Constituição de 1988 e de que trataremos adiante. A desapropriação é um

> procedimento administrativo em que o Poder Público adquire a propriedade do particular de forma compulsória, para fins de interesse público, atingindo-se assim a faculdade que tem o proprietário de dispor da coisa segundo sua vontade, afetando o caráter perpétuo e irrevogável do direito de propriedade com a consequente indenização. (Marinela, 2018, p. 968).

Para clarificarmos o instituto da desapropriação, é conveniente examinarmos seus elementos, competência, objeto, modalidades e procedimento. É o que veremos nos tópicos seguintes.

Elementos, objeto e competência

A desapropriação é, de fato, um **procedimento administrativo**, uma vez que tem de cumprir rígidas formalidades em seu modo de intervenção, tendo como sujeito ativo o Poder Público ou algum ente delegado.

Ela também depende da existência de um dos pressupostos autorizados pelo ordenamento jurídico (necessidade ou utilidade públicas e interesse social). Ademais, tem como objeto a perda de um bem por meio de sua transferência compulsória com a respectiva reposição do patrimônio via justa indenização. A **fonte legal primária** da desapropriação é o art. 5º, inciso XXIV, da CF/1988, que diz que a lei estabelecerá o procedimento para desapropriação por necessidade ou utilidade pública, ou por interesse social, mediante **justa e prévia indenização** em dinheiro, ressalvados os casos previstos na Constituição. Além da fonte constitucional, há o já mencionado Decreto-Lei n. 3.365/1941, conhecido como Lei de Desapropriação, que regula o instituto no Brasil.

É possível ser objeto da desapropriação qualquer bem de valor econômico, móvel ou imóvel; corpóreo ou incorpóreo; público ou privado; até mesmo o espaço aéreo e o subsolo; direitos de crédito; ações, cotas ou direitos relativos ao capital de pessoas jurídicas; e outros quaisquer que sejam passíveis de valoração patrimonial. O art. 2º do Decreto-Lei n. 3.365/1941 consigna que todos os bens podem ser desapropriados pelas entidades da Federação. No rol dos bens passíveis de desapropriação, também figuram os direitos reais, como o domínio útil oriundo da enfiteuse e os direitos pessoais de contratos de compra e venda. Ainda, mesmo sendo objeto de fortes diatribes, admite-se a expropriação do direito à posse, desde que esta seja legítima e dotada de boa-fé.

O mesmo diploma legal explicita, entretanto, **exceções**, ou seja, hipóteses em que a desapropriação é impraticável. Elas podem ser classificadas em duas categorias:

Procedimentos de intervenção administrativa na propriedade

1. **Impossibilidades jurídicas** – São situações que dizem respeito a bens que a norma reputa impossíveis de sofrerem determinado tipo de desapropriação. Exemplo é a propriedade produtiva sofrer desapropriação com fins de reforma agrária (art. 185, II, CF/1988). Isso até seria possível desde que a Administração utilizasse outro pressuposto. Tampouco é possível desapropriar quando a lei permite solução específica para a extinção dos direitos do titular do bem. Como exemplo, citamos a pretensão de desapropriar uma concessão de serviço público. Ora, nesse caso, a lei já determina sua extinção por meio da encampação, sendo desnecessária a desapropriação.

2. **Impossibilidades materiais** – São casos em que, pela natureza do bem, é impossível a desapropriação. Por exemplo, a moeda corrente, por ser instrumento que efetiva a indenização, a não ser que se trate de cédulas moedas antigas de alto valor histórico. Também os direitos da personalidade, como a honra, a liberdade, a cidadania; o direito autoral e as pessoas físicas ou jurídicas, porque são sujeitos de direitos e não objetos de valor econômico. Convém observar que, por exemplo, direitos autorais não podem ser objeto de desapropriação, mas é possível desapropriar o direito de comercialização de obras literárias, artísticas ou científicas. Há, ainda, peculiaridades sobre alguns bens que, muito embora estejam sujeitos a esse tipo de intervenção, são dotados de um *status* especial – como ocorre com os bens pertencentes às

pessoas da Administração indireta, também aqueles onerados com cláusula de inalienabilidade.

Cabe-nos aprofundar o exame acerca dos **bens públicos**. Eles podem ser desapropriados desde que se respeite a ordem **hierárquica federativa**: a União pode desapropriar o estado, o município, Distrito Federal e territórios; o estado só pode desapropriar o município – isso conforme prevê o art. 2º, parágrafo 2º, do Decreto-Lei n. 3.365/1941. Essa condição hierárquica se presta a proteger a autonomia de cada ente administrativo. Dessa forma, um bem da União não pode ser desapropriado por quaisquer outros. Bem do estado não pode ser desapropriado por outro estado, nem por município. O município não pode desapropriar bens dos outros entes e, obviamente, nem de outro município. Nessas hipóteses, enfatizamos, por serem bens públicos, há exigência de autorização legislativa da mesma ordem política do expropriante. Ademais, se dois entes políticos quiserem desapropriar o mesmo bem privado, com fundamento na ordem hierárquica federativa, a jurisprudência orienta que tem preferência o ente de maior ordem.

No que concerne aos **bens de propriedade da Administração indireta**, esclarecemos que não há previsão legal para disciplinar desapropriações desse jaez. Para uma desapropriação efetuada por ente que ocupa posição vertical superior, não há dúvida quanto à forma de se resolver a questão, pois se aplica o contido no art. 2º do Decreto-Lei. No entanto, a polêmica aparece quando um ente menor deseja desapropriar bem de pessoa jurídica da Administração indireta pertencente a ente de ordem superior. Exemplo seria quando um município deseja desapropriar bem pertencente a uma fundação ou autarquia federal. Nessa situação, a resolução do problema se divide. Ou se entende ser possível por se tratar de bem desvinculado da pessoa política, não precisando se submeter à hierarquia; ou se reconhece a impossibilidade de desapropriar exatamente em razão da ordem imposta pela lei e do risco para a autonomia dos entes.

Quanto à desapropriação de **terrenos à margem dos rios navegáveis**, reconhece-se a aplicação da Súmula n. 479 do STF, que assim afirma: "As margens dos rios navegáveis são de domínio público, insuscetíveis de expropriação e, por isso mesmo, excluídas de indenização" (Brasil, 2017, p. 272).

A **competência para legislar** sobre a desapropriação está prevista no art. 22, inciso II, da Constituição e é privativa da União – o que não se confunde com a competência material para efetuar a desapropriação. O mesmo artigo, em seu parágrafo único, admite a delegação dessa competência para os estados, desde que condicionada à previsão por lei complementar.

Quanto à **competência material** para desapropriar, esta é concorrente. Para sua efetivação, esta depende do âmbito de atuação de cada ente e do fundamento invocado pelo Poder Público. De maneira geral, quaisquer entes políticos são dotados de poder expropriante – além daquelas pessoas jurídicas da Administração indireta e dos demais que exercem função delegada em nome do Estado (art. 3º, Decreto-Lei n. 3.365/1941).

Procedimentos de intervenção administrativa na propriedade

Todavia, tal competência é dividida em competência para fase declaratória e competência para fase executiva.

A **fase declaratória** de uma desapropriação configura ato de competência dos entes políticos, o qual pode ser realizado por meio da expedição de decreto do chefe do Poder Executivo de qualquer esfera. Também pode ocorrer mediante lei de efeitos concretos aprovada pelo Poder Legislativo respectivo. Em algumas modalidades de desapropriação, existe a restrição quanto ao ente competente fazer a declaração, uma vez que não é atributo de todos eles essa faculdade. Em síntese: integrantes da Administração indireta e os delegados de serviços públicos não podem efetuar tal declaração. Como essas competências são definidas, basicamente, em lei federal, não há qualquer impedimento para que outra lei, emanada da mesma ordem política, atribua a competência a uma pessoa jurídica da Administração indireta.

No que diz respeito à **fase executiva** do processo de desapropriação, os entes políticos são dotados de efetiva competência, pois, quem tem competência para declarar também tem para executar, mas o inverso não é possível. No que tange às entidades apontadas no art. 3º do Decreto-Lei n. 3.365/1941[9], que estabelece a competência aos delegados de serviços públicos, estão

---

9 Decreto-Lei n. 3.365/1941: "Art. 3º Podem promover a desapropriação, mediante autorização expressa constante de lei ou contrato: I – as concessionárias, inclusive aquelas contratadas nos termos do disposto na Lei nº 11.079, de 30 de dezembro de 2004, e as permissionárias de serviços públicos; II – as entidades públicas; III – as entidades que exerçam funções delegadas pelo Poder Público; e IV – as autorizatárias à exploração de serviços e atividades de titularidade estatal decorrentes do disposto nas alíneas "c", "d" e "f" do inciso XII do *caput* do art. 21 da Constituição e da legislação específica" (Brasil 1941a).

incluídas todas as formas de descentralização, seja por outorga, seja por delegação, assim como as pessoas da Administração indireta e, até mesmo, os particulares prestadores de serviços públicos. No entanto, frisamos que tal atribuição para desapropriar se limita à fase executiva do procedimento. Esses entes não podem decretá-la, mas, por serem sujeitos dotados de direito por força de uma declaração anterior, podem efetivar a execução. Nessas situações, a competência para executar a desapropriação pode ser formalizada em contrato.

Pode assumir condição de **desapropriado** tanto uma pessoa física quanto uma pessoa jurídica, seja de direito público, seja de direito privado e, conforme já comentado, inclusive os entes políticos, desde que respeitada a ordem do art. 2º, parágrafo 2º, do Decreto-Lei n. 3.365/1941.

Modalidades de desapropriação

A fim de definir cada modalidade de processo de desapropriação, é necessário fixar os principais pontos de distinção: fundamento jurídico, competência material, objeto, modo de indenização, formalidades do procedimento e prazo de caducidade.

Desapropriação comum

Esse tipo de desapropriação, também denominado *desapropriação ordinária*, tem como fundamento uma das seguintes hipóteses constantes no art. 5º, inciso XXIV, da CF: necessidade ou utilidade públicas e interesse social.

A legislação não distingue os de necessidade ou utilidade públicas, utilizando o mesmo rol previsto no art. 5º do Decreto-Lei n. 3.365/1941. Assim, resta para a doutrina fazer a distinção, de acordo com o mérito do ato normativo que instituiu a desapropriação. Desse modo, a **necessidade pública** se configura nas hipóteses do decreto, desde que haja situação inesperada, emergencial e uma questão inadiável, bem como que a desapropriação seja uma solução indispensável[10]. De outra banda, há a **utilidade pública**, caracterizada como significativamente vantajosa para o interesse coletivo, mas sem caráter de urgência. É razoável considerar que as hipóteses de necessidade estão implícitas no conceito de utilidade pública, que as abrange.

Por sua vez, o cabimento do **interesse social** está disciplinado nas hipóteses listadas no rol do art. 2º da Lei n. 4.132, de 10 de setembro de 1962 (Brasil, 1962)[11]. Esse fundamento está atre-

---

10 Exemplos seriam as hipóteses de segurança nacional, defesa do Estado, calamidade, salubridade pública, funcionamento dos sistemas de transporte coletivo, abertura e melhoramento de estradas e vias.

11 Lei n. 4.132/1962: "Art. 2º Considera-se de interesse social: I – o aproveitamento de todo bem improdutivo ou explorado sem correspondência com as necessidades de habitação, trabalho e consumo dos centros de população a que deve ou possa suprir por seu destino econômico; II – a instalação ou a intensificação das culturas nas áreas em cuja exploração não se obedeça a plano de zoneamento agrícola; III – o estabelecimento e a manutenção de colônias ou cooperativas de povoamento e trabalho agrícola: IV – a manutenção de posseiros em terrenos urbanos onde, com a tolerância expressa ou tácita do proprietário, tenham construído sua habilitação, formando núcleos residenciais de mais de 10 (dez) famílias; V – a construção de casa populares; VI – as terras e águas suscetíveis de valorização extraordinária, pela conclusão de obras e serviços públicos, notadamente de saneamento, portos, transporte, eletrificação armazenamento de água e irrigação, no caso em que não sejam ditas áreas socialmente aproveitadas; VII – a proteção do solo e a preservação de cursos e mananciais de água e de reservas florestais. VIII – a utilização de áreas, locais ou bens que, por suas características, sejam apropriados ao desenvolvimento de atividades turísticas." (Brasil, 1962).

Procedimentos de intervenção administrativa na propriedade

lado à conveniência social da desapropriação e visa ao auxílio às camadas mais pobres, com melhoria das condições de vida, mitigação das desigualdades, como a desapropriação para construção de conjuntos de casas populares, preservação de cursos de água e de reservas ecológicas. Nesse caso, o objetivo do Estado não é exatamente o de ficar com os bens, mas fazer uma ação social distributiva. Inclusive, a Lei n. 4.132/1962 estabelece, em seu art. 4º, que os bens expropriados podem ser vendidos para particulares, a fim de que estes possam dar-lhes a destinação social colimada.

A **indenização**, conforme determinada no texto constitucional, deve ser prévia, justa e em dinheiro. *Prévia* porque o pagamento ocorrer antes do ato de transferência do bem. *Justa*, pois corresponde ao efetivo valor do bem, ou seja, o numerário deve deixar o expropriado plenamente satisfeito com a contrapartida – sem prejuízo em sua esfera patrimonial. *Em dinheiro* porque o expropriante tem de pagá-la (ou depositá-la judicialmente) em moeda corrente.

No que diz respeito aos **bens** sujeitos a essa modalidade de desapropriação, não há nenhuma exigência especial.

Quanto ao **sujeito ativo** (o ente desapropriador), todos os legitimados têm competência para efetivá-la conforme o rol especificado anteriormente.

Entretanto, não se pode confundir esse tipo de desapropriação – que não tem o condão de impor uma penalidade – com a desapropriação sancionatória, que, além de potencialmente decorrer de um interesse social, tem a natureza de **sanção** por não cumprir a função social da propriedade. Dessa feita, é possível desapropriar um bem para dar atendimento a regras urbanísticas, ocorrendo indenização prévia, justa e em dinheiro, de acordo com a desapropriação comum. Contudo, há também a possibilidade de desapropriação em circunstâncias semelhantes, em razão da ausência de sua função social – o que caracteriza sua natureza punitiva – correndo a indenização mediante pagamento com títulos públicos.

Desapropriação sancionatória

A desapropriação sancionatória, também conhecida como *desapropriação extraordinária*, tem como motivação uma resposta à prática de um ato ilegal. Há um interesse social em punir essa ilegalidade desapropriando o bem pelo fato de o proprietário descumprir a função social da propriedade[12]. Essa desapropriação também é praticada, conforme detalharemos, como sanção, por exemplo, a condutas ligadas ao tráfico ilícito de entorpecentes, conforme prevê o texto constitucional.

Frisamos que os conceitos de função social da propriedade não são produto da discricionariedade do administrador público, mas estão previstos expressamente na Lei n. 8.629, de 25 de fevereiro de 1993 (Brasil, 1993a), no que se refere à áreas rurais, e na Lei n. 10.257, de 10 de julho de 2001 (Brasil, 2001a) – Estatuto

---

12 A CF impõe ao proprietário o dever de atender à sua propriedade efetiva função social, previsão do art. 5º, inciso XXIII. Nesse caso, pode o Estado intervir quando ela não atender à função. Vale salientar que, no texto constitucional, não se nega o direito exclusivo do proprietário sobre a coisa, mas se exige que seu uso esteja em consonância com o bem-estar coletivo.

da Cidade – para áreas urbanas. Dessa forma, o tratamento é diverso conforme o diploma legal aplicado.

A **propriedade urbana**, segundo o art. 39 do Estatuto da Cidade, cumpre sua função social quando obedece às exigências fundamentais de ordenação da cidade expressas no plano diretor, assegurando o atendimento das necessidades dos cidadãos quanto à qualidade de vida, à justiça social e ao desenvolvimento das atividades econômicas.

O plano diretor é instrumento primacial da política de desenvolvimento e expansão urbana; é fruto de aprovação por lei municipal, e seu conteúdo deve ser revisto pelo menos a cada 10 anos, além de fazer parte do planejamento municipal englobando a totalidade do território geográfico do município. Essa ferramenta jurídica é obrigatória nas cidades com população superior a 20 mil habitantes. Com fundamento no art. 182, parágrafo 4º, da Constituição, é permitido ao município exigir do proprietário da área não edificada, subutilizada ou não utilizada "que promova o adequado aproveitamento da mesma, sob pena de sucessivamente ocorrer" (Brasil, 1988), na forma do art. 5º do Estatuto da Cidade, o "parcelamento, a edificação ou a utilização compulsórios do solo urbano" (Brasil, 2001a). Também a incidência de IPTU progressivo no tempo, com alíquota acrescida a cada ano até o limite de 15%, pelo prazo de 5 anos consecutivos e, por fim, não sendo suficientes as medidas anteriores, aplica-se a desapropriação como medida sancionatória. Esse tipo de desapropriação – para atender aos ditames do plano diretor – só pode ser realizada pelos entes municipais e pelo Distrito Federal.

Procedimentos de intervenção administrativa na propriedade

A **indenização** ocorre mediante pagamento por meio de títulos de dívida pública – sem a possibilidade de compensá-los ou utilizá-los para pagamento de tributos –, com emissão previamente aprovada pelo Senado Federal, com prazo de resgate de até 10 anos, em parcelas anuais, iguais e sucessivas, assegurados o valor real da indenização e os juros legais de 6% ao ano. De acordo com os termos previstos no Estatuto, no art. 8º, parágrafo 2º, o valor real da indenização deve refletir o valor da base de cálculo do Imposto Predial e Territorial Urbano (IPTU), descontado o montante incorporado em função de obras realizadas ente público. No valor a ser apurado, não são computadas expectativas de ganhos, lucros cessantes nem juros compensatórios. Nessa desapropriação não está previsto um procedimento próprio, seguindo-se os termos do Decreto-Lei n. 3.365/1941.

Com relação ao aproveitamento do imóvel, tal ato ocorre pelo Poder Público ou mediante alienação ou concessão a terceiros – sempre precedida de procedimento licitatório.

Quanto à hipótese dessa desapropriação para **propriedade rural**, o fundamento está no art. 184[13] do texto constitucio-

---

13　CF/1988: "Art. 184. Compete à União desapropriar por interesse social, para fins de reforma agrária, o imóvel rural que não esteja cumprindo sua função social, mediante prévia e justa indenização em títulos da dívida agrária, com cláusula de preservação do valor real, resgatáveis no prazo de até vinte anos, a partir do segundo ano de sua emissão, e cuja utilização será definida em lei. § 1º As benfeitorias úteis e necessárias serão indenizadas em dinheiro. § 2º O decreto que declarar o imóvel como de interesse social, para fins de reforma agrária, autoriza a União a propor a ação de desapropriação. § 3º Cabe à lei complementar estabelecer procedimento contraditório especial, de rito sumário, para o processo judicial de desapropriação. § 4º O orçamento fixará anualmente o volume total de títulos da dívida agrária, assim como o montante de recursos para atender ao programa de reforma agrária no exercício. § 5º São isentas de impostos federais, estaduais e municipais as operações de transferência de imóveis desapropriados para fins de reforma agrária" (Brasil, 1988).

– 170 –

Procedimentos de intervenção administrativa na propriedade

nal, assim como na Lei n. 4.504, de 30 de novembro de 1964 – Estatuto da Terra (Brasil, 1964); na Lei n. 8.629/1993, que regula dispositivos da reforma agrária e na Lei Complementar (LC) n. 76, de 6 de julho de 1993, que trata da desapropriação de imóvel rural (Brasil, 1993c). A desapropriação motivada por interesse social, para fins de reforma agrária, tem seus objetivos fixados no Estatuto da Terra desde a década de 1960. Esse antigo diploma definiu, em seu art. 18, como objetivos:

a) condicionar o uso da terra à sua função social;

b) promover a justa e adequada distribuição da propriedade;

c) obrigar a exploração racional da terra;

d) permitir a recuperação social e econômica de regiões;

e) estimular pesquisas pioneiras, experimentação, demonstração e assistência técnica;

f) efetuar obras de renovação, melhoria e valorização dos recursos naturais;

g) incrementar a eletrificação e a industrialização no meio rural;

h) facultar a criação de áreas de proteção à fauna, à flora ou a outros recursos naturais, a fim de preservá-los de atividades predatórias. (Brasil, 1964)

Tal diploma também trata das áreas prioritárias sobre as quais recai a desapropriação e versa sobre as definições para sua adequada aplicação.

A propriedade rural atende ao requisito da **função social** quando obedece simultaneamente aos critérios estabelecidos nos seguintes incisos do art. 9º da Lei n. 8.629/1993: "I – aproveitamento racional e adequado; II – utilização adequada dos recursos naturais disponíveis e preservação do meio ambiente; III – observância das disposições que regulam as relações de trabalhos; IV – exploração que favoreça o bem-estar dos proprietários e dos trabalhadores" (Brasil, 1993a).

Caso não seja cumprido o requisito da função social, o proprietário fica sujeito à sanção expropriatória para fins de reforma agrária. Entretanto, esse sujeito não se enquadra nessa modalidade se sua propriedade for classificada como propriedade rural pequena ou média, desde que o proprietário não seja titular de outra propriedade de mesma natureza. Outrossim, ele não é expropriado se a propriedade se tornar produtiva.

Nesse tipo de desapropriação, a **competência** é exclusiva da União e só podem ser objeto de desapropriação os bens imóveis e rurais.

A **indenização** é prévia, justa, mas com títulos da dívida agrária (TDA) passíveis de resgate a partir do segundo ano de sua emissão e com o prazo máximo de até 20 anos. As benfeitorias úteis e necessárias, no entanto, são pagas em dinheiro, conforme prevê o art. 184, parágrafo 1º, da Constituição e art. 5º da Lei n. 8.629/1993. O art. 2º, parágrafo 6º, do diploma citado, assim estabelece:

§ 6º O imóvel rural de domínio público ou particular objeto de esbulho possessório ou invasão motivada por conflito agrário ou fundiário de caráter coletivo não será vistoriado, avaliado ou desapropriado nos dois anos seguintes à sua desocupação, ou no dobro desse prazo, em caso de reincidência; e deverá ser apurada a responsabilidade civil e administrativa de quem concorra com qualquer ato omissivo ou comissivo que propicie o descumprimento dessas vedações. (Brasil, 1993a)

Nesse caso, a desapropriação constitui instrumento assecuratório do acesso à propriedade rural para os que a cultivam sem serem os donos – os quais recebem títulos de domínio ou de concessão de uso, não passíveis de negociação por 10 anos, conforme o art. 189 da CF.

Desapropriação confiscatória

Essa desapropriação foi ampliada com o surgimento da Emenda Constitucional n. 81, de 5 de julho de 2014 (Brasil, 2014), e promoveu algumas relevantes mudanças, especialmente a alteração do *caput* do art. 243 da CF/1988, que tinha como objeto as glebas de qualquer região do país onde houvesse **culturas ilegais de plantas psicotrópicas**. A redação agora atesta que não somente as propriedades rurais podem ser atingidas pela desapropriação, mas também as urbanas – o que ampliou a incidência da norma constitucional.

Nessa esteira, veio a hipótese de desapropriação dos imóveis nos quais seja constatada a exploração de **trabalho escravo**. Também houve mudança quanto à destinação dada ao imóvel a ser expropriado – pois antes era dirigido ao assentamento de colonos, visando ao cultivo de produtos alimentícios e medicamentosos sem prever qualquer indenização ao proprietário e sem prejuízo de outras sanções previstas em lei. Após a mudança normativa, as propriedades imóveis expropriadas devem ser entregues à reforma agrária e programas de habitação popular. O art. 243 passou a ter o seguinte texto:

> as propriedades rurais e urbanas de qualquer região do País onde forem localizadas culturas ilegais de plantas psicotrópicas ou a exploração de trabalho escravo na forma da lei serão expropriadas e destinadas à reforma agrária e a programas de habitação popular, sem qualquer indenização ao proprietário e sem prejuízo de outras sanções previstas em lei, observado, no que couber, o disposto no art. 5º. (Brasil, 1988)

Dessa forma e com a redação modificada pela emenda citada, a desapropriação-confisco passou a ser aplicada também à totalidade dos bens de valor econômico apreendidos em decorrência do tráfico ilícito de entorpecentes e drogas afins, bem como da exploração de trabalho escravo. Nessas situações, o patrimônio confiscado é revertido a um fundo especial, criado por lei, com destinação específica.

Em nenhuma dessas hipóteses há direito a **indenização**. Na ocorrência da desapropriação-confisco – de bem ou valor econômico em decorrência do tráfico ilícito de entorpecentes e drogas afins –, o valor patrimonial é revertido em benefício de

Procedimentos de intervenção administrativa na propriedade

instituições e pessoal especializado "no tratamento e recuperação de viciados e no aparelhamento e custeio de atividades de fiscalização, controle, prevenção e repressão ao crime de tráfico dessas substâncias", conforme o texto do artogo 243, parágrafo único, da CF (Brasil, 1988). Igualmente, não há qualquer previsão de indenização.

Para se atingir os efeitos aplicativos dessa desapropriação, são consideradas *plantas psicotrópicas* aquelas que permitem a obtenção de substância entorpecente proscrita. Essas plantas estão elencadas no rol emitido pelo órgão sanitário competente do Ministério da Saúde – cujo cultivo depende obrigatoriamente de autorização estatal, a qual pode ser emitida desde que atenda exclusivamente às finalidades terapêuticas e científicas. Por fim, caracteriza a cultura dessas plantas desde o preparo da terra destinada à semeadura até o plantio efetivo ou colheita.

A competência para desapropriar em caráter confiscatório é da União. Quanto à ação expropriatória há uma lacuna normativa. O procedimento de expropriação adotava o rito judicial estabelecido na Lei n. 8.257, de 26 de novembro de 1991 (Brasil, 1991b), com aplicação subsidiária do Código de Processo Civil (CPC). Todavia, com nova emenda constitucional, necessário se faria a aprovação de nova lei para disciplinar a redação atual do art. 243. No entanto, enquanto não sobrevier esse suprimento legal, a Lei n. 8.257/1991 somente pode ser aplicada nas hipóteses expressamente previstas: glebas nas quais se localizem culturas ilegais de plantas psicotrópicas, sendo necessária

Procedimentos de intervenção administrativa na propriedade

a regulamentação quanto à desapropriação confiscatória em razão da exploração do trabalho escravo. O legislador olvidou esse importante aspecto processual.

Quanto aos casos de áreas nas quais há a cultura ilegal de plantas psicotrópicas, o procedimento, inicialmente, contempla: o recebimento da inicial; a citação dos expropriados; a nomeação de perito, que, investido na função de auxiliar do magistrado, terá um prazo de oito dias para entregar o laudo. O expropriado, por sua vez, terá o prazo de dez dias – a contar da juntada do mandado de citação – para apresentação de sua contestação e indicar o assistente técnico respectivo. E, no exíguo prazo de 15 dias, a contar da contestação, o juiz marcará a audiência de instrução e julgamento, vedada sua postergação – exceto por motivo de força maior, justificado. Além de perícia, o conjunto probatório contará com prova testemunhal, limitada a cinco testemunhas arroladas para cada parte. Se for insuficiente o tempo para produzir o conjunto de provas arroladas, é possível marcar nova data, não superior a três dias. Terminada a instrução, a sentença tem de ser dada em cinco dias, estando sujeita a recurso previsto no CPC. Com o trânsito em julgado da decisão, o patrimônio passa ao domínio da União. Essa ação admite a imissão provisória na posse em caráter liminar – desde que observado o contraditório, o que deve ser realizado em audiência de justificação. Passando a propriedade à União, esta deve, no prazo de 120 dias, atender à destinação prevista na CF. Contudo, em caso de impossibilidade, a área fica incorporada ao Poder Público de modo reservado, até as condições serem atendidas. Salientamos que a desapropriação, por ser uma forma de aquisição originária da propriedade, prevalece sobre os eventuais direitos reais de garantia que incidirem sobre o bem, não sendo admitidos embargos de terceiro. A desapropriação, como ato público, tem força *erga omnes* e prevalece.

Desapropriação indireta

Essa não é exatamente uma modalidade substantiva de desapropriação. Ela tem uma natureza *sui generis*, sendo a consequência de uma desapropriação ordinária não paga. É, em algumas vezes, uma resposta a uma espécie de "calote planejado" da Administração Pública. Na prática, a desapropriação indireta acabou se tornando comum, uma vez que a Administração lança mão de um ardil que consiste em disfarçar uma modalidade restritiva de intervenção na propriedade, no intento de escapar do dever de indenizar, o qual se configuraria se optasse por fazer uma desapropriação ordinária. O correto seria tomar para si a propriedade desapropriando o bem. Tal forma de intervenção é que o se denomina *desapropriação indireta*.

Sem obedecer às formalidades necessárias, essa desapropriação equipara-se a um esbulho possessório, na medida em que o Poder Público promove um esvaziamento do uso e gozo do bem particular sem a observância dos trâmites impostos no procedimento de desapropriação. É um abuso que poderia ser evitado com simples gestões de planejamento responsável da atividade administrativa. Essa conduta ardilosa faz o instituto se confundir com outros, pois a linha entre uma limitação administrativa, uma servidão, um tombamento – que apenas vêm a limitar o direito –, e sua retirada é muito tênue, tornando-se solo fértil para discussões e ações judiciais. Por essa razão, a jurisprudência do Superior Tribunal de Justiça (STJ) impôs alguns **requisitos** nos Embargos de Divergência em Recurso Especial n. 922.786/SC:

> 1. A desapropriação indireta pressupõe três situações, quais sejam: (i) apossamento do bem pelo Estado sem prévia observância do devido processo legal; (ii) afetação do bem, ou seja, destiná-lo à utilização pública; e (iii) irreversibilidade da situação fática a tornar ineficaz a tutela judicial específica. [...]. (Brasil, 2009b).

Igualmente se identifica uma desapropriação indireta quando há uma total **desvalorização do bem** com seu esvaziamento econômico. O proprietário, por sua vez, vendo-se prejudicado em seu direito de propriedade, pode tentar restabelecer tal direito utilizando algumas medidas judiciais: há o **interdito proibitório**, para o caso de justo receio de ser direta ou indiretamente comprometida a posse por turbação ou esbulho. Há também a ação de **manutenção de posse**, quando a turbação já aconteceu e já se achar configurada a perturbação à posse. Por fim, a ação de **reintegração de posse** é a hipótese em que o esbulho já foi praticado, pois a posse já foi retirada, restando sua retomada mesmo sem incorporação do bem ao patrimônio público afetado, apesar de os atributos da posse já terem sido retirados.

Vale ressaltar que, já ocorrido o esbulho, assim como a incorporação ao patrimônio público, o art. 35 do Decreto-Lei n. 3.365/1941 impede que o Estado devolva o bem a seu titular, restando, portanto, ao proprietário recurso via judicial, com o fito de receber a **indenização** pela perda da propriedade. A medida, nessa hipótese, é clássica **ação de desapropriação indireta**, cujo escopo é cobrar a respectiva indenização, como se o bem tivesse sido desapropriado, em caráter posterior, pela perda da propriedade. Caso seja ajuizada qualquer uma das medidas possessórias (interdito, manutenção, ou reintegração) e durante a tramitação do processo ocorrer a incorporação ao patrimônio público, essa ação se transformará em ação de desapropriação indireta, com o objetivo único de buscar indenização, por não mais haver possibilidade de devolução do bem.

Se, na desapropriação ordinária, a regra constitucional prevê a indenização prévia, justa e em dinheiro, na indireta, o pagamento indenizatório posterior é fruto de um provimento judicial, ou seja, de uma sentença condenatória. Nessa modalidade, o particular perde a propriedade antes, e a indenização é efetuada depois, com recebimento não em dinheiro, mas por meio do regime de precatório-requisitório. Essa realidade, na prática, estimula gestores públicos astuciosos a preferir esses atos expropriatórios indiretos, já que sabem que demandas judiciais e pagamentos por precatórios são ritos demorados.

Quanto à **prescrição** para a propositura da ação, esta sempre foi um tanto polêmica, porque o art. 10, parágrafo único, do Decreto-Lei n. 3.365/1941 – produto da Medida Provisória (MP)

Procedimentos de intervenção administrativa na propriedade

n. 2.183-56, de 24 de agosto de 2001 (Brasil, 2001b) e suas reedições – determina o prazo prescricional de cinco anos. Muito se critica o dispositivo, reputando-o como inconstitucional por ter diminuído o prazo, ferindo o caráter justo e prévio da indenização em dinheiro prevista no art. 5º, inciso XXIV, da CF. O dispositivo apareceu com a MP n. 2.027-38, de 4 de maio de 2000 (Brasil, 2000b) – que foi atacada por ação de controle de constitucionalidade perante o STF (ADI n. 2.260). Houve deferimento cautelar, e sua eficácia foi suspensa. No entanto, a ação foi extinta com fundamento na perda do objeto causada pelas inúmeras reedições com alteração do texto. Por longo período, a prescrição vintenária foi reconhecida. No espírito dessa orientação, o STJ emitiu a Súmula n. 119: "A ação de desapropriação indireta prescreve em vinte anos" (Brasil, 2022, p. 69). Em junho de 2013, a Segunda Turma do STJ entendeu que, com o advento do novo Código Civil, alterou-se o prazo do usucapião extraordinário, o que resultou na redução do prazo prescricional para o aforamento da ação de desapropriação indireta. A Turma entendeu pelo mesmo prazo previsto para o usucapião extraordinário por posse-trabalho, constante no parágrafo único do art. 1.238 do Código Civil, observados os critérios de transição do art. 2.028 do diploma civil. O julgamento do REsp n. 1.300.442 foi que a pretensão indenizatória decorrente de desapropriação indireta prescreve em 20 anos sob a vigência do Código Civil de 1916 e em 10 anos na vigência do Código Civil de 2002.

Desapropriação privada

No atual Código Civil, em seu art. 1.228, parágrafo 4º, consta o instituto da expropriação de iniciativa de particulares – muito diferente do instituto clássico da desapropriação processada pelo Estado. A desapropriação privada é um novo instituto definido pelo Direito Civil, e sua identificação é importante apesar da indefinição quanto a sua natureza. O Diploma Civil, em seu art. 1.228, parágrafo 4º, assim dispõe:

> § 4º O proprietário também pode ser privado da coisa se o imóvel reivindicado consistir em extensa área, na posse ininterrupta e de boa-fé, por mais de cinco anos, de considerável número de pessoas, e estas nela houverem realizado, em conjunto ou separadamente, obras e serviços considerados pelo juiz de interesse social e econômico relevante. (Brasil, 2002)

Nessa hipótese, o parágrafo 5º do mesmo artigo estabelece que "o juiz fixará a justa indenização devida ao proprietário; pago o preço, valerá a sentença como título para o registro do imóvel em nome dos possuidores" (Brasil, 2002). Esse novel instituto, apesar de remeter a um interesse coletivo, é disciplinado pelo Direito Privado e não é congruente com a desapropriação clássica, própria do Direito Público, objeto este da abordagem aqui tecida. Vale assinalar que ele não pode ser confundido com o usucapião, porque este é não oneroso.

Procedimento expropriatório

O procedimento administrativo de desapropriação divide-se em duas fases efetuadas na esfera administrativa. A primeira vai do momento em que o Poder Público declara seu interesse no bem com as providências para sua transferência. Trata-se da **fase declaratória**. A segunda ocorre com o efetivo pagamento e a incorporação do bem ao patrimônio público, configurando a **fase executiva**.

O fulcro legal do procedimento está no Decreto-Lei n. 3.365/1941, que tem aplicação nos casos de necessidade e utilidade públicas ou interesse social. Na desapropriação para reforma agrária pelo descumprimento à função social da propriedade, aplica-se a LC n. 76/1993, que define um procedimento sumário. Para os casos de desapropriação para atendimento ao plano diretor, o Estatuto da Cidade (Lei n. 10.257/2001) define apenas os aspectos materiais; o procedimento adotado é o da norma geral, ou seja, o Decreto-Lei n. 3.365/1941.

Em caso de acordo do proprietário com a pretensão do Poder Público, é bastante provável que a desapropriação se conclua na via administrativa – a qual é denominada *desapropriação amigável*. Nessa hipótese, o acordo deve ser reduzido a termo e registrado para ter efeitos gerais (*erga omnes*). Contudo, não havendo o consenso ou sendo incógnito o proprietário, a desapropriação depende da via judicial, por meio de ação a ser movida pela Administração em face do particular. Fato que não pode ser olvidado é que a desapropriação – por resultar na obrigação final de pagamento de valores a título de indenização – deve cumprir as exigências orçamentárias, com observância das condições impostas pelo art. 167 da Constituição e pelo art. 16 da Lei de Responsabilidade Fiscal – LC n. 101, de 4 de maio de 2000 (Brasil, 2000a).

Fase declaratória

Essa fase é a oportunidade em que o Poder Público manifesta o interesse na futura desapropriação. O marco fundamental é a **declaração de utilidade ou de interesse social**, com a individualização do bem expropriado e a especificação de sua destinação. O instrumento que viabiliza o ato é o **decreto expropriatório** – também conhecido como DUP (sigla para "declaração de utilidade pública") –, que é ato típico do Poder Executivo previsto no art. 6º do Decreto-Lei n. 3.365/1941. O ato é discricionário, e o administrador, levando em conta a conveniência e a oportunidade do interesse público, sopesa a necessidade da medida, assim como a escolha do bem. No entanto, a decisão no tocante à fundamentação do ato é vinculada, pois fica adstrita às hipóteses previstas em lei. Como qualquer ato administrativo, o decreto depende do requisito da motivação.

Para o caso de decretação pelo Poder Legislativo, o instrumento disponibilizado pelo Decreto-Lei é a lei com **efeitos concretos**, que se traduz em ato com forma de lei, mas com feições de um ato administrativo, pelo fato de ser dotado de concretude e individualidade. É o que está insculpido no art. 8º do Decreto-Lei n. 3.365/1941. É possível tecer uma crítica a esse

Procedimentos de intervenção administrativa na propriedade

instrumento na medida em que ele depende da sanção e do veto do chefe do Poder Executivo, de modo que, de qualquer forma, a vontade ficaria a ele condicionada. O Decreto Legislativo seria, talvez, o instrumento tecnicamente mais indicado, uma vez que não exigiria essa participação do Executivo. O Legislativo poderá declarar a desapropriação, ficando as outras providências a cargo do chefe do Executivo.

Igualmente importante é reconhecer que o **ato de declaração** ainda não retira a propriedade, apenas cria para o expropriante o direito subjetivo de, em determinado prazo, efetuar a aquisição. É apenas um instrumento para consumar a desapropriação. É ato condicional e a propriedade é retirada a qualquer tempo – no prazo de cinco anos – e só há a consumação do ato com o pagamento da indenização[14]. O ato legal expropriatório (decreto ou lei) deve ter como conteúdo material:

a. o fundamento legal justificador da desapropriação, não em caráter genérico, mas específico;

b. a identificação do bem a ser desapropriado, sob pena de o ato ser reputado ilegal. O patrimônio tem de estar individualizado, com as indicações de eventuais benfeitorias, e o motivo dessa descrição é garantir que a indenização contemplará

---

14 Pode-se questionar acerca da legalidade do ato de decretação. No entanto, os limites de discussão são estreitíssimos. O particular poderá buscar a via judicial por meio de ação ordinária ou mandado de segurança. Contudo, ele só poderia invocar um vício de legalidade se a hipótese escolhida pelo Poder Público não estiver prevista em lei ou quando se tratar de opção que ofenda os princípios da constituição, tais como razoabilidade, proporcionalidade e outros. Não obstante, é necessário examinar cada caso em sua concretude. A regra é que o ato declaratório é instrumento dotado de imensa força e coerção.

Procedimentos de intervenção administrativa na propriedade

somente as realizadas anteriormente; as posteriores somente são indenizadas se forem consideradas úteis quando previamente autorizadas pelo expropriante, conforme regra do artigo 26, § 1º, do Decreto-Lei;

c. a destinação que terá o bem a fim de se afastar eventual desvio de finalidade – assunto que analisaremos adiante;

d. a indicação do sujeito passivo (proprietário) que sofrerá a desapropriação, isso para afastar a exigência da via judicial, que acontecerá quando este for desconhecido;

e. os recursos orçamentários para garantir a fase executiva com a respectiva indenização.

Após sua publicação, o decreto produzirá alguns **efeitos** que lhe são próprios, quais sejam:

a. o bem passará à força do Estado, iniciando-se certo controle dele sobre o bem: direito de entrar na áreas de modo parcimonioso apenas para medição e verificação. Entretanto, se o proprietário não concordar, o Poder Público terá que aforar demanda judicial, por conta da inviolabilidade de domicílio, garantida no art. 5º, inciso XI, da Constituição, sendo proibida a entrada compulsória;

b. a decretação da desapropriação demarcará o prazo para identificar as benfeitorias a serem indenizadas, assim como o prazo de caducidade;

c. o prazo de caducidade do decreto corresponde ao prazo de cinco anos após a decretação.

O prazo de caducidade visa à proteção do proprietário em face do Poder Público. Afinal, o particular, após ter sofrido restrições em sua propriedade, ficará à espera da indenização e da perda definitiva do bem. Se em cinco anos não se efetuar o pagamento da indenização, caduca-se o decreto e tudo volta ao *status quo* anterior, conforme preconiza o artigo 10 do Decreto-Lei n. 3.365/1941. Ocorrida a caducidade, somente após um ano o bem poderá ser objeto de nova decretação, o que é denominado *prazo de carência*.

Na hipótese do interesse social, o prazo previsto na Lei n. 4.132/1962, art. 3º, é de no máximo dois anos, até sua efetivação, a contar do decreto de desapropriação. Esse prazo também é computado para que a administração tome as providências concretas de aproveitamento do bem. Nessa modalidade de desapropriação, a lei é silente quanto à carência – o que conduz à conclusão de que a medida não pode ser novamente editada. No entanto, o art. 5º da citada norma afirma que, no silêncio da lei, aplica-se subsidiariamente o Decreto-Lei n. 3.365/1941, o que faculta computar o prazo anual de carência.

Na modalidade de desapropriação para reforma agrária, o art. 3º da LC n. 76/1993 prescreve que a ação de desapropriação deve ser aforada no prazo de dois anos, contados a partir da data da publicação do decreto, não havendo previsão quanto à carência. A modalidade exige o ajuizamento de ação, inexistindo hipótese de resolução por via administrativa, de modo que, ultrapassado o prazo bienal sem o aforamento da demanda, o Estado decairá do direito de propor a ação correspondente.

Efetuada a desapropriação, o Poder Público, no prazo de três anos, contado da data de registro do título de domínio, deve destinar a respectiva área aos beneficiários da reforma agrária, admitindo-se formas de exploração individual, condominial, cooperativa, associativa ou mista, na forma do prescrito no art. 16 da Lei n. 8.629/1993 (Brasil, 1993a).

Fase executiva

Também conhecida como *fase executória*, consuma-se quando o Poder Público adota as providências de transferência do bem, com a consequente integração ao patrimônio público; é necessária a efetivação da prévia indenização que, a rigor, se faz momento da transferência. Pode ser amigável, quando há acordo sobre o valor da indenização; ou judicial, em caso de inexistência de composição ou quando o proprietário não é identificado.

Desapropriação judicial

A ação de desapropriação tem um rito próprio com regras disciplinadas no Decreto-Lei n. 3.365/1941, isso para as hipóteses de necessidade, utilidade pública e interesse social. No caso de reforma agrária, o rito se acha na LC n. 76/1993, com aplicação em caráter subsidiário do CPC. Por evidente, em qualquer caso, exige-se o devido processo legal, com a garantia do contraditório e da ampla defesa. A petição inicial deve se submeter aos requisitos previstos no CPC, mas há algumas exigências específicas: oferta do preço; instrução com a publicação do decreto de desapropriação; planta ou descrição do bem e seus confrontantes.

A parte legítima para propor a ação é o ente público competente para desapropriar. No momento do despacho da inicial, o juiz designa um perito para proceder à avaliação do bem, assim como permitir a atuação de assistentes técnicos apresentados pelo autor e pelo réu. Em caso de urgência e desde que depositada a quantia arbitrada, conforme os termos do art. 685 do CPC, o juiz manda imitir o Estado provisoriamente na posse do bem. A **imissão provisória** é a prerrogativa conferida ao poder expropriante que lhe dá a possibilidade de entrar no bem a qualquer momento da tramitação do procedimento expropriatório, atendendo a urgências da administração. Portanto, os requisitos da imissão de posse são a urgência e o depósito do valor, tudo na forma do art. 15 do Decreto-Lei n. 3.365/1941. A alegação de urgência – não renovável – torna obrigatória ao expropriante a requisição da imissão provisória no prazo de 120 dias. O valor do depósito corresponde ao preço oferecido ou ao valor venal oficial do imóvel, e, se necessário, o juiz pode arbitrar conforme o definido na avaliação – de acordo com a ordem do art. 15, parágrafo 1º, do referido decreto-lei, que estabelece o depósito:

> § 1º A imissão provisória poderá ser feita, independente da citação do réu, mediante o depósito:
>
> a) do preço oferecido, se êste fôr superior a 20 (vinte) vêzes o valor locativo, caso o imóvel esteja sujeito ao impôsto predial;
>
> b) da quantia correspondente a 20 (vinte) vêzes o valor locativo, estando o imóvel sujeito ao impôsto predial e sendo menor o preço oferecido;

Procedimentos de intervenção administrativa na propriedade

c) do valor cadastral do imóvel, para fins de lançamento do impôsto territorial, urbano ou rural, caso o referido valor tenha sido atualizado no ano fiscal imediatamente anterior;

d) não tendo havido a atualização a que se refere o inciso c, o juiz fixará independente de avaliação, a importância do depósito, tendo em vista a época em que houver sido fixado originàlmente o valor cadastral e a valorização ou desvalorização posterior do imóvel. (Brasil, 1941a)

O depósito inicial não se presta a cobrir a totalidade da perda do bem desapropriado, mas tão somente a ressarcir a providência excepcional, que é a antecipação da posse.

A fim de compensar a perda da posse, a lei dá permissão ao expropriado de levantar até 80% do montante do depósito feito, conforme prevê o art. 33, parágrafo 2º, do Decreto-Lei n. 3.365/1941: "O desapropriado, ainda que discorde do preço oferecido, do arbitrado ou do fixado pela sentença, poderá levantar até 80% (oitenta por cento) do depósito feito para o fim previsto neste e no art. 15, observado o processo estabelecido no art. 34" (Brasil, 1941a). O levantamento do restante depositado acontece ao final da ação judicial, quando o expropriado pode levantá-lo, mediante alvará judicial, sendo a diferença quitada em processo de execução e formação de precatório requisitório.

Para imóveis residenciais urbanos, o Estado, em razão da urgência, pode ser imitido provisoriamente na posse – sempre mediante o depósito – concedendo-se a imissão caso esse depósito não seja impugnado pelo particular no prazo de cinco dias.

Se impugnado, com o auxílio do perito, o magistrado fixa em 48 horas o valor provisório do imóvel, dispensando, nesse caso, o depósito de valor integral, conforme critérios do Decreto-Lei n. 1.075, de 22 de janeiro de 1970 (Brasil, 1970), que regula a imissão de posse, *initio litis*, em imóveis residenciais urbanos. Caso a Administração não mais tenha interesse na desapropriação, basta desistir da medida. Tendo ocorrido imissão provisória, o Estado tem de reparar os eventuais danos.

Indenização

A indenização, além de ser um requisito constitucional para efetivar a desapropriação, representa ato objetivo de justiça para dar o tratamento isonômico nas medidas de intervenção na propriedade sem causar prejuízo ao particular. A compulsoriedade da indenização decorre dos mais elementares princípios jurídicos de **isonomia** e **justiça distributiva**. De tal sorte, uma vez que a coletividade recebeu o bem por um ato expropriatório e forçoso, esta deve repor em dinheiro o correspondente (e justo) valor ao proprietário. Trata-se do reequilíbrio da balança, arquétipo basilar do Direito.

Conforme expusemos anteriormente, a forma de indenizar depende da justificativa que deu origem à desapropriação. Pode ser prévia, justa e em dinheiro nas desapropriações comuns que ocorrem por necessidade, utilidade e interesse social; pode ser paga em títulos da dívida agrária nas desapropriações

Procedimentos de intervenção administrativa na propriedade

sancionatórias pelo descumprimento da função social da propriedade; e pode ser paga com títulos da dívida pública, naquelas decorrentes de inobservância da função da propriedade no que se refere aos requisitos estabelecidos no plano diretor das cidades, as quais também são de cunho sancionatório.

A fixação do *quantum* a ser indenizado pode ser fruto de tratativa amigável no âmbito administrativo; também por meio de avaliação judicial, quando não há consenso ou quando o proprietário é incógnito. São componentes do valor a ser indenizado:

a. valor do bem;

b. eventuais lucros cessantes, danos emergentes, fundo de comércio;

c. juros compensatórios, moratórios;

d. correção monetária a incidir a partir do laudo de avaliação;

e. honorários advocatícios e custas processuais.

Esse conjunto de elementos corresponde ao que o particular perdeu; todavia, não será objeto de indenização qualquer pretensão que seja estranha ao bem expropriado.

A fixação do valor do bem deve representar um valor real e atual e, se for o caso, podem ser incluídos no cômputo seus valores histórico, artístico ou paisagístico. Quanto às benfeitorias, essas devem ser indenizadas somando-se todas as preexistentes e constatadas na oportunidade de edição do decreto de desapropriação. Após esse marco temporal, somente podem ser incluídas as eventuais benfeitorias necessárias e as úteis desde que autorizadas previamente – ficando excluídas as de mero deleite ou voluptuárias como, por exemplo, piscina, ajardinamento de plantas raras etc.

Considera-se **dano emergente** a perda efetiva que teve o particular com a intervenção na propriedade. Os **lucros cessantes** são os valores que o proprietário deixou de ganhar com a medida supressiva. Exemplos simples e didáticos seriam: um pesque-pague, um estacionamento, uma área particular que explora passeios, trilhas etc.

Os **juros compensatórios** são justa indenização que visa à compensação do particular pela perda da posse antecipada do bem. Esses juros são computados e pagos ao final exatamente porque foi-lhe retirada a posse no início do processo, incidindo a partir da imissão provisória na posse até a data da expedição do precatório requisitório, de acordo com o que determina o art. 100, parágrafo 12, da CF. Afinal, não é razoável para o proprietário – que não mais é detentor do bem – ficar à espera, sem qualquer compensação, de decisão final da ação de desapropriação e receber apenas o principal. Anteriormente, a incidência desses juros obedecia ao previsto na Súmula n. 618 do STF, que determinava o índice de 12% ao ano para sua cobrança (Brasil, 2017). Entretanto, com o advento da MP n. 1.577, de 11 de junho de 1997 (Brasil, 1997b), hoje MP n. 2.183/2001, que introduziu o art. 15-A no Decreto-Lei n. 3.365/1941 disciplinando o tema ao fixar os juros em até 6% ao ano, indo em sentido contrário ao da Súmula n. 618 do STF. A regra determinou, ainda, que a incidência dos juros compensatórios se dará sobre a diferença entre o valor fixado na sentença e o valor ofertado em juízo pelo expropriante. Sendo veementemente criticado, o dispositivo legal foi objeto de controle de constitucionalidade perante o STF, mediante ADI n. 2.332-2, que suspendeu a aplicação da expressão "até 6%", reativando o conteúdo da Súmula n. 618. No que respeita à base de cálculo para incidência dos juros, o STF emitiu interpretação conforme, definindo que esses juros devem incidir sobre a diferença entre o que foi determinado na sentença e o que foi levantado pelo expropriado ao tempo da imissão provisória na posse, diferentemente do definido pelo dispositivo que só fazia menção ao valor depositado. O raciocínio jurídico foi: para deferir a liminar de imissão na posse, há a condição de depósito prévio do valor da indenização pelo Estado, podendo 80% dele ser levantado pela parte. Ora, tendo o proprietário levantado supostamente tal percentual, ele em tese não sofreu prejuízos porque ficou com o dinheiro. O seu prejuízo somente estaria presente na parcela que ficou retida nos autos e sobre o que foi acrescido pela sentença judicial.

Com essa mudança, é necessário observar o marco inicial de cada regra. Afinal, os juros compensatórios de 6%, introduzidos pela MP n. 1.577/1997, só são aplicáveis nas desapropriações em que a imissão provisória ocorreu entre 11 de junho de 1997 e 13 de setembro de 2001, quando foi publicada a decisão liminar do STF na ADI n. 2.332, que restabeleceu os juros em 12%. Assim, caso a imissão tenha se dado no período de vigência da MP, em seu texto original, desde a perda da posse até o julgamento final, pagam-se 6% de juros. Em todas as outras hipóteses anteriores e posteriores a esse período, os juros são de 12%[15]. Destacamos que os juros compensatórios são devidos mesmo em se tratando de propriedade improdutiva, pois eles incidem pelo fato da perda do imóvel, e não em sua produtividade.

Os **juros moratórios** têm como propósito a remuneração do expropriado pelo atraso do Estado no pagamento da indenização. Essa modalidade de juros era regulada pela Súmula n. 70 do STJ, que estabelecia sua incidência a partir do trânsito em julgado da sentença da ação desapropriação (Brasil, 2022). Todavia, tal posição foi superada com a edição da MP n. 1.577, posteriormente alterada pela MP n. 2.183/1991, que introduziu o art. 15-B no Decreto-Lei n. 3.365/1941. Com essa mudança legislativa, os juros moratórios passaram a incidir no percentual de 6% ao ano "a partir de 1º de janeiro do exercício seguinte àquele em que o pagamento deveria ter sido feito, nos termos do art. 100 da Constituição" (Brasil, 1941a). O motivo da mudança foi o argumento segundo o qual o Poder Público não poderia estar em mora, uma vez que o ato praticado ocorreu no prazo constitucional. A mora só se configuraria, portanto, após esse prazo. Essa regra atingiu também as ações de desapropriação que se achavam em trâmite.

Os **honorários advocatícios** incidem sobre a diferença entre o valor fixado na sentença e o ofertado pelo expropriante no

---

15 Reafirmando a orientação citada, o STJ editou a Súmula n. 408, com a seguinte redação: "Nas ações de desapropriação, os juros compensatórios incidentes após a Medida Provisória nº 1.577, de 11.6.1997, devem ser fixados em 6% ao ano até 13.09.2001, e, a partir de então, em 12% ao ano, na forma da Súmula nº 618 do Supremo Tribunal Federal" (Brasil, 2022, p. 33-34).

início do processo – o que passa a ser muito diferente de quaisquer outras ações judiciais em que o percentual incide sobre o total da condenação[16]. Tal regra leva em consideração que o êxito do advogado estaria verdadeiramente no que foi auferido na decisão judicial, pois, quanto ao valor inicial, o Estado já o tinha concedido ainda na esfera administrativa. A prescrição está do art. 27 do Decreto-Lei n. 3.365/1941. Na desapropriação rural, o art. 19 da LC n. 76/1993 estabelece que as despesas judiciais e os honorários do advogado e do perito constituem encargos a serem arcados pela parte sucumbente. Os honorários advocatícios do patrocinador do expropriado são fixados em até 20% sobre a diferença entre o preço oferecido e o valor da indenização[17]. Já os honorários do perito são pagos em valor fixo, estabelecido pelo juiz, atendida a complexidade do trabalho desempenhado.

A **forma de pagamento** da indenização na via administrativa, tendo havido acordo, ocorre diretamente e sem maiores complicações com o devido crédito em favor do expropriado. Reduz-se a termo o acordo e são tomadas as providências para o pagamento. Não há, nesses casos, o regime de precatório, uma vez que não se trata de condenação judicial. Todavia, quando

---

16 Súmula n. 141 do STJ: "Os honorários de advogado em desapropriação direta são calculados sobre a diferença entre a indenização e a oferta, corrigidas monetariamente" (Brasil, 2022, p. 66).

17 Ocorrendo sucumbência recíproca, os honorários devem ser compensados. O tema é objeto da Súmula n. 306 do STJ: "Os honorários advocatícios devem ser compensados quando houver sucumbência recíproca, assegurado o direito autônomo do advogado à execução do saldo sem excluir a legitimidade da própria parte" (Brasil, 2022, p. 46).

se tratar de forma litigiosa, os valores definidos pelo Estado no início do processo são pagos em dinheiro, permanecem depositados em juízo e são levantados pelo expropriado somente ao final do processo. Frisamos que os valores arbitrados por sentença judicial, ou seja, que vão além daquele depositado incialmente pelo Estado, são pagos pelo regime de precatório.

Desapropriação de enfiteuse e direito de extensão

É viável a desapropriação tendo como objeto bem sujeito a enfiteuse[18]. O atual Código Civil passou a impedir a criação de novas enfiteuses, porém manteve as existentes. No código anterior, já se admitia a expropriação de imóvel em regime de enfiteuse, mas perduram discussões acerca do tema, e a legislação é lacunosa. Um ponto de controvérsia refere-se à **indenização** – sobretudo se se levar em conta que a enfiteuse afasta o exercício da propriedade plena por parte de apenas uma pessoa. O direito real é limitado, devendo a indenização ser paga aos dois titulares. O **domínio útil** é exercido pelo enfiteuta, que recebe grande parte do valor da indenização, ao passo que o **domínio direto** é exercido pelo senhorio direto, que também recebe parte da indenização.

Da mesma forma, há controvérsia acerca do percentual que deve ser aplicado a cada um dos sujeitos da relação jurídica

---

18 A enfiteuse, também conhecida por *aforamento*, é o negócio jurídico mediante o qual o proprietário (senhorio) transfere ao adquirente (enfiteuta), em caráter perpétuo, o domínio útil, a posse direta, o uso, o gozo e o direito de dispor sobre certo bem imóvel, mediante o pagamento de renda anual (foro ou laudêmio).

civil. Inicialmente, aplicava-se o art. 693[19] do Código Civil de 1916; todavia, a Lei n. 9.636, de 15 maio de 1998 – que alterou o Decreto-Lei n. 9.760, de 5 de setembro de 1946 (Brasil, 1946)[20] – passou a disciplinar especificamente a questão em seu art. 103, parágrafo 2º: "Na consolidação pela União do domínio pleno de terreno que haja concedido em aforamento, deduzir-se-á do valor do mesmo domínio a importância equivalente a 17% (dezessete por cento), correspondente ao valor do domínio direto" (Brasil, 1998b). O processo de desapropriação obedece às vias ordinárias de praxe, mas a indenização em caso de enfiteuse obedece a essa disciplina.

O **direito de extensão** faculta ao expropriado exigir que a desapropriação e a indenização abranjam a totalidade do bem quando o remanescente resultar esvaziado de seu proveito econômico. Esse instituto ocorre no caso de desapropriação parcial quando uma parte sobra e fica inútil ou inservível. A solução está no art. 4º da LC n. 76/1993, que determina que "o proprietário poderá requerer a desapropriação de todo o imóvel, quando área remanescente ficar reduzida a superfície da pequena propriedade ou quando prejudicada substancialmente em suas condições de exploração econômica" (Brasil, 1993c). O Decreto-Lei n. 3.365/1941 e a Lei n. 4.132/1962 não trataram do assunto. O requerimento deve ser formulado na fase administrativa e,

---

19 Código Civil de 1916: "Art. 693. Todos os aforamentos, salvo acordo entre as partes, são resgatáveis trinta anos depois de constituídos, mediante pagamento de vinte pensões anuais pelo foreiro, que não poderá no seu contrato renunciar o direito ao resgate, nem contrariar a disposições imperativas deste capítulo" (Brasil, 1916).

20 O Decreto-Lei n. 9.760/1946 dispõe sobre os bens imóveis da União.

Procedimentos de intervenção administrativa na propriedade

quando não há a possibilidade de acordo, exige-se a proposi-tura de ação judicial.

Tredestinação e retrocessão

A **tredestinação** ocorre quando se realiza um ato administra-tivo e este passa a ter uma destinação diferente, desconforme da intenção inicialmente prevista. Existe a tredestinação lícita e a ilícita. A primeira, a **lícita**, ocorre quando, apesar da mudança, persiste uma razão de interesse público igualmente relevante, que justificaria o ato. Desse modo, o bem expropriado ainda é aplicado para os fins previstos na desapropriação. A segunda, a **ilícita**, configura-se quando o expropriante deixa de dar ao bem destinação que atenda ao interesse público. Nesse caso, pode ocorrer a retrocessão, ou até mesmo uma eventual nulidade do ato por desvio de finalidade. A prática administrativa brasileira, assim como grande parte dos tribunais, têm entendido que não ocorre desvio de finalidade se o bem for empregado para outro fim público – ainda que diverso do apontado na desapropria-ção. Isso porque esse ato caracterizaria apenas uma mudança de finalidade, o que seria autorizada pelo ordenamento jurídico.

A **retrocessão** é conceituada no art. 519 do novo Código Civil, no capítulo dos direitos das obrigações, estabelecendo que: "Se a coisa expropriada para fins de necessidade ou utilidade pública, ou por interesse social, não tiver o destino para que se desapro-priou, ou não for utilizada em obras ou serviços públicos, caberá ao expropriado direito de preferência, pelo preço atual da coisa"

(Brasil, 2022). Em síntese, a retrocessão é o "desfazimento do negócio", isto é, o proprietário, vendo que sua propriedade não foi empregada efetivamente no interesse público pode reavê-la pelo mesmo preço que lhe foi pago. Salientamos que o instituto da retrocessão inclui todos os tipos de desapropriação, excetuando-se a hipótese de tredestinação lícita.

Mediação e arbitragem no processo de desapropriação

Em 2019, entrou em vigor a Lei n. 13.867, de 26 de agosto (Brasil, 2019), que alterou o Decreto-Lei n. 3.365/1941, permitindo o emprego da mediação e da arbitragem para a definição dos valores de indenização nas desapropriações por utilidade pública e por interesse social regidas pelo art. 5º da Lei n. 4.132/1962. A nova legislação introduziu – após a fase declaratória do procedimento de desapropriação – a possibilidade de uso desses instrumentos extrajudiciais e legítimos para se definir o justo preço da indenização. Tal mudança consistiu na inserção dos arts. 10-A e 10-B no Decreto-Lei n. 3.365/1941. A questão passou a ser disciplinada de maneira que o Poder Público deve notificar o proprietário e apresentar-lhe oferta de indenização, constando nesta a cópia do ato de declaração de utilidade pública, a planta ou descrição dos bens e suas confrontações, o valor da oferta, concedendo-se o prazo de 15 dias para aceitá-la ou rejeitá-la. O silêncio do particular é considerado rejeição. Em caso de aceitação da oferta, é lavrado o acordo respectivo e realizado o pagamento – o qual passa a ser título hábil para a transcrição no registro de imóveis. Contudo, se a oferta for rejeitada – ou transcorrido o prazo quinzenal sem manifestação –, o Poder Público procede com o ajuizamento da ação correspondente, na forma do art. 11 da norma.

Entretanto, caso seja feita a opção pela mediação ou pela via arbitral, o particular deve indicar um dos órgãos ou instituições especializadas em mediação ou arbitragem previamente cadastrados pelo órgão responsável pela desapropriação. A mediação seguirá as normas especiais e pertinentes ao tema, ou seja, a Lei n. 13.140, de 26 de junho de 2015 (Brasil, 2015b)[21], e, subsidiariamente, os regulamentos do órgão ou instituição responsável pela mediação e arbitragem. Pode ser eleita câmara de mediação criada pelo Poder Público; a arbitragem segue as normas da Lei n. 9.307, de 23 de setembro de 1996 (Brasil, 1996a) – que dispõe sobre arbitragem –, e, subsidiariamente, os regulamentos do órgão ou instituição responsável.

Em suma, anteriormente havia duas hipóteses apenas: o acordo administrativo e o litigio judicial com perícia, avaliação, sentença, execução e pagamento por precatório. Com o advento da Lei n. 13.867/2019, passou a existir também esse *tertium genus* de resolução quanto à definição do valor a ser pago a título de indenização no processo expropriatório.

---

21 Lei n. 13.140/2015: "Dispõe sobre a mediação entre particulares como meio de solução de controvérsias e sobre a autocomposição de conflitos no âmbito da administração pública [...]" (Brasil, 2015b).

Considerações finais

O processo judicial e o administrativo guardam uma estrutura comum, a qual se materializa, primordialmente, no contraditório, na ampla defesa e na principiologia processual aplicável a ambos. O processo administrativo praticado no seio dos variados órgãos públicos brasileiros ainda padece de certa imperfeição: a falta de um "juízo administrativo" permanente e isento, sobretudo no que se refere aos processos disciplinares. As comissões, muitas vezes formadas por servidores com vínculos políticos, de amizade ou permeadas por relações e temores hierárquicos, constitui-se em fator crítico na formação e na decisão dos processos. Entretanto, ante a inafastabilidade do Poder Judiciário das demandas que lhes são propostas, em casos de evidentes ilegalidades, todo o conteúdo do processo administrativo pode ser revisto. Já o processo administrativo, devidamente regulado por sua lei própria, é, sem dúvida, instrumento que proporciona indiscutível segurança jurídica aos processados.

Nos Estados contemporâneos, a intervenção na propriedade é instituto juridicamente aceito, desde que observadas as garantias aos particulares. No caso brasileiro, a Constituição Federal de 1988, bem como a legislação ordinária específica a cada forma de intervenção, garante a preservação desses direitos. Contudo, é perceptível que é a Administração Pública, muitas vezes, faz uso inadequado e tecnicamente incorreto da intervenção – especificamente no que concerne à subvalorização dos bens a serem objeto de intervenção, seja nas desapropriações, seja nas servidões. Tal prática resulta em demandas judiciais e em precatórios vultosos que, em última análise, são suportados pelo erário por meio dos impostos pagos por toda a sociedade.

Referências

ALENCAR, E. F. A revisão das decisões dos tribunais de contas pelo Judiciário. **Jusbrasil**, 2018. Disponível em: <https://emanueleferreira.jusbrasil.com.br/artigos/549499428/a-revisao-das-decisoes-dos-tribunais-de-conta-pelo-judiciario>. Acesso em: 18 mar. 2022.

BANDEIRA DE MELLO, C. A. **Curso de direito administrativo**. 18. ed. São Paulo: Malheiros, 2004.

BRASIL. Advocacia-Geral da União. Parecer AGU n. GQ-12, de 24 de janeiro de 1994. **Diário Oficial da União**, Brasília, DF, 24 jan. 1994a. Disponível em: <https://www.lexml.gov.br/urn/urn:lex:br:advocacia.geral.uniao:parecer:1994-01-24;gq-12>. Acesso em: 21 mar. 2022.

BRASIL. Constituição (1988). **Diário Oficial da União**, Poder Legislativo, Brasília, DF, 5 out. 1988. Disponível em: <http://www.planalto.gov.br/ccivil_03/Constituicao/Constituicao.htm>. Acesso em: 15 mar. 2022.

BRASIL. Constituição (1988). Emenda Constitucional n. 19, de 4 de junho de 1998. **Diário Oficial da União**, Brasília, DF, 5 jun. 1998a. Disponível em: <http://www.planalto.gov.br/ccivil_03/constituicao/emendas/emc/emc19.htm>. Acesso em: 23 mar. 2022.

BRASIL. Constituição (1988). Emenda Constitucional n. 45, de 30 de dezembro de 2004. **Diário Oficial da União**, Brasília, DF, 31 dez. 2004. Disponível em: <http://www.planalto.gov.br/ccivil_03/constituicao/emendas/emc/emc45.htm>. Acesso em: 23 mar. 2022.

BRASIL. Constituição (1988). Emenda Constitucional n. 81, de 5 de julho de 2014. **Diário Oficial da União**, Poder Legislativo, Brasília, DF, 6 jul. 2014. Disponível em: <http://www.planalto.gov.br/ccivil_03/constituicao/emendas/emc/emc81.htm>. Acesso em: 22 mar. 2022.

BRASIL. Decreto-Lei n. 2, de 14 de janeiro de 1966. **Diário Oficial da União**, Poder Executivo, Brasília, DF, 17 jan. 1966a. Disponível em: <http://www.planalto.gov.br/ccivil_03/decreto-lei/1965-1988/del0002.htm>. Acesso em: 18 mar. 2022.

BRASIL. Decreto-Lei n. 25, de 30 de novembro de 1937. **Diário Oficial**, Poder Executivo, Brasília, DF, 6 dez. 1937. Disponível em: <http://www.planalto.gov.br/ccivil_03/decreto-lei/del0025.htm>. Acesso em: 22 mar. 2022.

BRASIL Decreto-Lei n. 1.075, de 22 de janeiro de 1970, **Diário Oficial**, Poder Executivo, Brasília, DF, 22 jan. 1970. Disponível em: <http://www.planalto.gov.br/ccivil_03/decreto-lei/1965-1988/Del1075.htm>. Acesso em: 23 mar. 2022.

BRASIL. Decreto-Lei n. 2.848, de 7 de dezembro de 1940, **Diário Oficial da União**, Poder Executivo, Brasília, DF, 31 dez. 1940. Disponível em: <http://www.planalto.gov.br/ccivil_03/decreto-lei/del2848compilado.htm>. Acesso em: 18 mar. 2022.

BRASIL. Decreto-Lei n. 3.365, de 21 de junho de 1941. **Diário Oficial da União**, Poder Executivo, Brasília, DF, 18 jul. 1941a. Disponível em:

<http://www.planalto.gov.br/ccivil_03/decreto-lei/del3365.htm>. Acesso em: 21 mar. 2022.

BRASIL. Decreto-Lei n. 3.689, de 3 de outubro de 1941. **Diário Oficial da União**, Poder Executivo, Brasília, DF, 13 out. 1941b. Disponível em: <http://www.planalto.gov.br/ccivil_03/decreto-lei/del3689.htm>. Acesso em: 15 mar. 2022.

BRASIL. Decreto-Lei n. 4.812, de 8 de outubro de 1942. **Diário Oficial da União**, Poder Executivo, Brasília, DF, 10 out. 1942. Disponível em: <http://www.planalto.gov.br/ccivil_03/decreto-lei/1937-1946/del4812.htm>. Acesso em: 21 mar. 2022.

BRASIL. Decreto-Lei n. 9.760, de 5 de setembro de 1946. **Diário Oficial**, Poder Executivo, Brasília, DF, 6 set. 1946. Disponível em: <http://www.planalto.gov.br/ccivil_03/decreto-lei/del9760compilado.htm>. Acesso em: 23 mar. 2022.

BRASIL. Lei n. 3.071, de 1º de janeiro de 1916. **Coleção de Leis do Brasil**, Poder Legislativo, Rio de Janeiro, 1º jan. 1916. Disponível em: <http://www.planalto.gov.br/ccivil_03/leis/l3071.htm>. Acesso em: 23 mar. 2022.

BRASIL. Lei n. 3.924, de 26 de julho de 1961. **Diário Oficial**, Brasília, DF, 26 jul. 1961. Disponível em: <http://www.planalto.gov.br/ccivil_03/leis/1950-1969/l3924.htm>. Acesso em: 22 mar. 2022.

BRASIL. Lei n. 4.132, de 10 de setembro de 1962. **Diário Oficial**, Poder Executivo, Brasília, DF, 7 nov. 1962. Disponível em: <http://www.planalto.gov.br/ccivil_03/leis/l4132.htm>. Acesso em: 23 mar. 2022.

BRASIL. Lei n. 4.504, de 30 de novembro de 1964. **Diário Oficial**, Poder Legislativo, Brasília, DF, 30 nov. 1964. Disponível em: <http://www.planalto.gov.br/ccivil_03/leis/l4504.htm>. Acesso em: 23 mar. 2022.

BRASIL. Lei n. 4.717, de 29 de junho de 1965. **Diário Oficial**, Poder Executivo, Brasília, DF, 5 jul. 1965. Disponível em: <http://www.planalto.gov.br/ccivil_03/leis/l4717.htm>. Acesso em: 16 mar. 2022.

BRASIL. Lei n. 5.172, de 25 de outubro de 1966. **Diário Oficial da União**, Poder Legislativo, Brasília, DF, 27 out. 1966b. Disponível em: <http://www.planalto.gov.br/ccivil_03/leis/l5172compilado.htm>. Acesso em: 18 mar. 2022.

BRASIL. Lei n. 6.015, de 31 de dezembro de 1973. **Diário Oficial da União**, Poder Legislativo, Brasília, DF, 31 dez. 1973. Disponível em: <http://www.planalto.gov.br/ccivil_03/leis/l6015compilada.htm>. Acesso em: 23 mar. 2022.

BRASIL. Lei n. 7.347, de 24 de julho de 1985. **Diário Oficial da União**, Poder Executivo, Brasília, DF, 25 jul. 1985. Disponível em: <http://www.planalto.gov.br/ccivil_03/leis/l7347orig.htm>. Acesso em: 16 mar. 2022.

BRASIL. Lei n. 7.565, de 19 de dezembro de 1986. **Diário Oficial da União**, Poder Executivo, Brasília, DF, 23 dez. 1986. Disponível em: <http://www.planalto.gov.br/ccivil_03/leis/l7565compilado.htm>. Acesso em: 21 mar. 2022.

BRASIL. Lei n. 8.080, de 19 de setembro de 1990. **Diário Oficial da União**, Poder Legislativo, Brasília, DF, 20 set. 1990. Disponível em: <http://www.planalto.gov.br/ccivil_03/leis/l8080.htm>. Acesso em: 21 mar. 2022.

BRASIL. Lei n. 8.112, de 11 de dezembro de 1990. **Diário Oficial da União**, Poder Executivo, Brasília, DF, 19 abr. 1991a. Disponível em: <http://www.planalto.gov.br/ccivil_03/leis/l8112cons.htm>. Acesso em: 15 fev. 2022.

BRASIL. Lei n. 8.257, de 26 de novembro de 1991. **Diário Oficial da União**, Poder Executivo, Brasília, DF, 27 nov. 1991b. Disponível em: <http://www.planalto.gov.br/ccivil_03/leis/l8257.htm>. Acesso em: 23 mar. 2022.

BRASIL. Lei n. 8.429, de 2 de junho de 1992. **Diário Oficial da União**, Poder Legislativo, Brasília, DF, 3 jun. 1992. Disponível em: <http://

www.planalto.gov.br/ccivil_03/leis/l8429.htm>. Acesso em: 16 mar. 2022.

BRASIL. Lei n. 8.629, de 25 de fevereiro de 1993. **Diário Oficial da União**, Poder Legislativo, Brasília, DF, 26 fev. 1993a. Disponível em: <http://www.planalto.gov.br/ccivil_03/leis/l8629.htm>. Acesso em: 23 mar. 2022.

BRASIL. Lei n. 8.666, de 21 de junho de 1993. **Diário Oficial da União**, Poder Legislativo, Brasília, DF, 22 jun. 1993b. Disponível em: <http://www.planalto.gov.br/ccivil_03/leis/l8666cons.htm>. Acesso em: 16 mar. 2022.

BRASIL. Lei n. 8.906, de 4 de julho de 1994. **Diário Oficial da União**, Poder Legislativo, Brasília, DF, 5 jul. 1994. Disponível em: <http://www.planalto.gov.br/ccivil_03/leis/l8906.htm>. Acesso em: 18 mar. 2022.

BRASIL. Lei n. 8.987, de 13 de fevereiro de 1995. **Diário Oficial da União**, Poder Legislativo, Brasília, DF, 14 fev. 1995. Disponível em: <http://www.planalto.gov.br/ccivil_03/leis/l8987cons.htm>. Acesso em: 22 mar. 2022.

BRASIL. Lei n. 9.307, de 23 de setembro de 1996. **Diário Oficial da União**, Poder Executivo, Brasília, DF, 24 set. 1996a. Disponível em: <http://www.planalto.gov.br/ccivil_03/leis/l9307.htm>. Acesso em: 23 mar. 2022.

BRASIL. Lei n. 9.427, de 26 de dezembro de 1996. **Diário Oficial da União**, Poder Executivo, Brasília, DF, 27 dez. 1996b. Disponível em: <http://www.planalto.gov.br/ccivil_03/leis/l9427cons.htm>. Acesso em: 23 mar. 2022.

BRASIL. Lei n. 9.472, de 16 de julho de 1997. **Diário Oficial da União**, Poder Legislativo, Brasília, DF, 17 jul. 1997a. Disponível em: <http://www.planalto.gov.br/ccivil_03/leis/l9472.htm>. Acesso em: 23 mar. 2022.

BRASIL. Lei n. 9.636, de 15 de maio de 1998. **Diário Oficial da União**, Poder Executivo, Brasília, DF, 18 maio 1998b. Disponível em: <http://www.planalto.gov.br/ccivil_03/leis/l9636.htm>. Acesso em: 23 mar. 2022.

BRASIL. Lei n. 9.784, de 29 de janeiro de 1999. **Diário Oficial da União**, Poder Legislativo, Brasília, DF, 1º fev. 1999a. Disponível em: <http://www.planalto.gov.br/ccivil_03/leis/l9784.htm>. Acesso em: 15 mar. 2022.

BRASIL. Lei n. 10.257, de 10 de julho de 2001. **Diário Oficial da União**, Poder Legislativo, Brasília, DF, 11 jul. 2001a. Disponível em: <http://www.planalto.gov.br/ccivil_03/leis/leis_2001/l10257.htm>. Acesso em: 23 mar. 2022.

BRASIL. Lei n. 10.406, de 10 de janeiro de 2002. **Diário Oficial da União**, Poder Legislativo, Brasília, DF, 11 jan. 2002. Disponível em: <http://www.planalto.gov.br/ccivil_03/leis/2002/l10406compilada.htm>. Acesso em: 18 mar. 2022.

BRASIL. Lei n. 12.008, de 29 de julho de 2009. **Diário Oficial da União**, Poder Legislativo, Brasília, DF, 29 jul. 2009a. Disponível em: <http://www.planalto.gov.br/ccivil_03/_ato2007-2010/2009/lei/L12008.htm>. Acesso em: 18 mar. 2022.

BRASIL. Lei n. 13.105, de 16 de março de 2015. **Diário Oficial da União**, Poder Legislativo, Brasília, DF, 17 mar. 2015a. Disponível em: <http://www.planalto.gov.br/ccivil_03/_ato2015-2018/2015/lei/l13105.htm>. Acesso em: 15 mar. 2022.

BRASIL. Lei n. 13.140, de 26 de junho de 2015. **Diário Oficial da União**, Poder Legislativo, Brasília, DF, 29 jun. 2015b. Disponível em: <http://www.planalto.gov.br/ccivil_03/_ato2015-2018/2015/lei/l13140.htm>. Acesso em: 23 mar. 2022.

BRASIL. Lei n. 13.867, de 26 de agosto de 2019. **Diário Oficial da União**, Poder Legislativo, Brasília, DF, 27 ago. 2019. Disponível em: <http://

www.planalto.gov.br/ccivil_03/_ato2019-2022/2019/lei/L13867.htm>. Acesso em: 23 mar. 2022.

BRASIL. Lei Complementar n. 76, de 6 de julho de 1993. **Diário Oficial da União**, Poder Legislativo, Brasília, DF, 7 jul. 1993c. Disponível em: <http://www.planalto.gov.br/ccivil_03/leis/lcp/lcp76.htm>. Acesso em: 23 mar. 2022.

BRASIL. Lei Complementar n. 101, de 4 de maio de 2000. **Diário Oficial da União**, Poder Legislativo, Brasília, DF, 5 maio 2000a. Disponível em: <http://www.planalto.gov.br/ccivil_03/leis/lcp/lcp101.htm>. Acesso em: 23 mar. 2022.

BRASIL. Medida Provisória n. 1.577, de 11 de junho de 1997. **Diário Oficial da União**, Poder Executivo, Brasília, DF, 12 jun. 1997. Disponível em: <http://www.planalto.gov.br/ccivil_03/mpv/antigas/1577.htm>. Acesso em: 23 mar. 2022.

BRASIL. Medida Provisória n. 2.027-38, de 4 de maio de 2000. **Diário Oficial da União**, Poder Executivo, Brasília, DF, 5 maio 2000b. Disponível em: <http://www.planalto.gov.br/ccivil_03/mpv/antigas/2027-38.htm>. Acesso em: 23 mar. 2022.

BRASIL. Medida Provisória n. 2.183-56, de 24 de agosto de 2001. **Diário Oficial da União**, Poder Executivo, Brasília, DF, 27 ago. 2001b. Disponível em: <https://www.planalto.gov.br/ccivil_03/mpv/2183-56.htm>. Acesso em: 23 mar. 2022.

BRASIL. Superior Tribunal de Justiça. Embargos de Divergência em Recurso Especial n. 922.786/SC. Relator: Ministro Benedito Gonçalves, julgado em 9 de setembro de 2009. **Diário da Justiça**, 15 set. 2009b. Disponível em: <https://scon.stj.jus.br/SCON/GetInteiroTeorDoAcordao?num_registro=200802145009&dt_publicacao=15/09/2009>. Acesso em: 23 mar. 2022.

BRASIL. Superior Tribunal de Justiça. Mandado de Segurança n. 9.420/DF. Relatora: Ministra Laurita Vaz, julgado em 25 de agosto de

2004. **Diário de Justiça**, Brasília, DF, 6 set. 2004b. Disponível em: <https://scon.stj.jus.br/SCON/GetInteiroTeorDoAcordao?num_registro=200302214007&dt_publicacao=06/09/2004>. Acesso em: 17 mar. 2022.

BRASIL. Superior Tribunal de Justiça. Recurso Especial n. 220.983/SP. Relator: Ministro José Delgado, julgado em 15 de agosto de 2000. **Diário de Justiça**, 25 set. 2000c. Disponível em: <https://scon.stj.jus.br/SCON/GetInteiroTeorDoAcordao?num_registro=199900576942&dt_publicacao=25/09/2000>. Acesso em: 22 mar. 2022.

BRASIL. Superior Tribunal de Justiça. **Súmulas do Superior Tribunal de Justiça**. Disponível em: <https://www.stj.jus.br/docs_internet/jurisprudencia/tematica/download/SU/Verbetes/VerbetesSTJ.pdf>. Acesso em: 18 mar. 2022.

BRASIL. Supremo Tribunal Federal. Recurso em Mandado de Segurança n. 22.789/RJ. Relator: Moreira Alves, julgado em 4 de maio de 1999. **Diário de Justiça**, Brasília, DF, 25 jun. 1999b. Disponível em: <https://redir.stf.jus.br/paginadorpub/paginador.jsp?docTP=AC&docID=115872>. Acesso em: 21 mar. 2022.

BRASIL. Supremo Tribunal Federal. **Súmulas do STF**. Brasília, DF, 1º dez. 2017. Disponível em: <http://www.stf.jus.br/arquivo/cms/jurisprudenciaSumula/anexo/Enunciados_Sumulas_STF_1_a_736_Completo.pdf>. Acesso em: 18 mar. 2022.

BRASIL. Supremo Tribunal Federal. **Súmulas vinculantes**. Brasília, DF, 8 maio 2020. Disponível em: <http://www.stf.jus.br/arquivo/cms/jurisprudenciaSumulaVinculante/anexo/2020SmulaVinculante1a29e31a58Completocapaecontedo.pdf>. Acesso em: 18 mar. 2022.

CANOTILHO, J. J. G. **Direito constitucional e teoria da Constituição**. Coimbra: Almedina, 2000.

CARVALHO FILHO, J. dos S. **Processo administrativo federal**: comentários à Lei n. 9.784, de 29/01/1999. 2. ed. Rio de Janeiro, Lumen Juris, 2005.

CARVALHO FILHO, J. dos S. **Processo administrativo federal**: comentários à Lei n. 9.784, de 29/01/1999. 4. ed. Rio de Janeiro, Lumen Juris, 2009.

CRETELLA JUNIOR, J. C. **Manual de direito administrativo**: curso moderno de graduação. Rio de Janeiro: Forense, 1998.

CUNHA, D. Princípios do direito administrativo. **Jusbrasil**, 2015. Disponível em: <https://douglascr.jusbrasil.com.br/artigos/134963299/principios-do-direito-administrativo>. Acesso em: 15 mar. 2022.

DE PLÁCIDO E SILVA, O. J. **Vocabulário jurídico**. Rio de Janeiro: Forense, 2005.

DI PIETRO, M. S. Z. **Direito administrativo**. 19. ed. São Paulo: Atlas, 2006.

FERREIRA, D. Infrações e sanções administrativas. Tomo direito administrativo e constitucional. **Enciclopédia Jurídica da PUCSP**, São Paulo, ed. 1, abr. 2017. Disponível em: <https://enciclopediajuridica.pucsp.br/verbete/107/edicao-1/infracoes-e-sancoes-administrativas>. Acesso em: 18 mar. 2022.

FRANÇA, V. da R. Princípio da motivação no direito administrativo. **Enciclopédia Jurídica da PUCSP**, São Paulo, ed. 1, abr. 2017. Disponível em: <https://enciclopediajuridica.pucsp.br/verbete/124/edicao-1/principio-da-motivacao-no-direito-administrativo>. Acesso em: 16 mar. 2022.

FRANCO SOBRINHO, M. de O. **Introdução ao direito processual administrativo**. São Paulo: Revista dos Tribunais, 1971.

JANSEN, E. P. de M. O devido processo legal. **Jus.com.br**, jan. 2004. Disponível em: <https://jus.com.br/artigos/4749/o-devido-processo-legal>. Acesso em: 16 mar. 2022.

JUSTEN FILHO, M. **Curso de direito administrativo**. 5. ed. São Paulo: Saraiva, 2010.

KELSEN, H. **Teoria pura do direito**. Tradução de João Baptista Machado. São Paulo: M. Fontes, 1991

MARINELA, F. **Direito administrativo**. São Paulo: Saraiva Jur, 2018.

MARINELA, F. **Intervenção na propriedade privada**. Roteiro de aula. Disponível em: <https://www.marinela.ma/wp-content/uploads/2015/11/CADERNODEAULADELEGADOAULA05INTERVENO NAPROPRIEDADE.pdf>. Acesso em: 23 mar. 2022.

MARQUES, J. F. A garantia do "due process of law" no direito tributário. **Revista de Direito Público**, São Paulo: Revista dos Tribunais, n. 5., jul./set. 1968.

MARTINS, J. B. A sindicância administrativa como instrumento sumário de busca de autoria ou da existência de irregularidade no serviço público federal. **DireitoNet**, 3 jan. 2003. Disponível em: <https://www.direitonet.com.br/artigos/exibir/954/A-sindicancia-administrativa-como-instrumento-sumario-de-busca-de-autoria-ou-da-existencia-de-irregularidade-no-servico-publico-federal>. Acesso em: 21 mar. 2022.

MEDAUAR, O. **Controle da administração pública**. São Paulo: Revista dos Tribunais, 1993.

MEIRELLES, H. L. **Direito administrativo brasileiro**. 29. ed. Atualização de Eurico de Andrade Azevedo, Délcio Balestero Aleixo e José Emmanuel Burle Filho. São Paulo: Malheiros, 2004.

MEIRELLES, H. L. **Direito administrativo brasileiro**. 36. ed. São Paulo: Malheiros, 2010.

MEIRELLES, H. L. **Direito administrativo brasileiro**. 38. ed. Atualização de Délcio Balestero Aleixo e José Emmanuel Burle Filho. São Paulo: Malheiros, 2012.

MELLO, R. M. de. **Princípios constitucionais de direito administrativo sancionador**: as sanções administrativas à luz da Constituição Federal de 1988. São Paulo: Malheiros, 2007.

MELLO, S. S. de F. Processo administrativo sancionador federal como instrumento de proteção de direitos individuais e difusos: breves reflexões sobre garantismo e interesse público na efetivação da pretensão punitiva estatal. **Âmbito Jurídico**, 1º jun. 2010. Disponível em: <https://ambitojuridico.com.br/cadernos/direito-administrativo/processo-administrativo-sancionador-federal-como-instrumento-de-protecao-de-direitos-individuais-e-difusos-breves-reflexoes-sobre-garantismo-e-interesse-publico-na-efetivacao-da-pretensao-punitiva-est/>. Acesso em: 18 mar. 2022.

NÚÑEZ NOVO, B. O princípio do contraditório e da ampla defesa. **Empório do Direito**, 30 jul. 2019. Disponível em: <https://emporiododireito.com.br/leitura/o-principio-do-contraditorio-e-da-ampla-defesa>. Acesso em: 16 mar. 2022.

PATRIOTA, C. C. S. R. O princípio da segurança jurídica. **Jus.com.br**, fev. 2017. Disponível em: <https://jus.com.br/artigos/56111/o-principio-da-seguranca-juridica>. Acesso em: 16 mar. 2022.

PATRIOTA, C. C. S. R. O princípio da supremacia do interesse público. **Jusbrasil**, 2016. Disponível em: <https://caiopatriotaadvocacia.jusbrasil.com.br/artigos/433296963/o-principio-da-supremacia-do-interesse-publico>. Acesso em: 16 mar. 2022.

RAMOS, J. G. G. **Curso de direito penal norte-americano**. São Paulo: Revista dos Tribunais, 2006.

REDE DE ENSINO LUIZ FLÁVIO GOMES. O que se entende por independência das instâncias administrativas, civil e criminal? **Jusbrasil**, 2011. Disponível em: <https://lfg.jusbrasil.com.br/noticias/2544395/o-que-se-entende-porindependencia-das-instancias-administrativas-civil-e-criminal>. Acesso em: 18 mar. 2022.

REGIME jurídico do processo administrativo disciplinar. **Jus.com.br,** set. 2017. Disponível em: <https://jus.com.br/artigos/59141/regime-juridico-do-processo-administrativo-disciplinar>. Acesso em: 18 mar. 2022.

RIGOLIN, I. B. **Comentários ao regime único dos servidores públicos civis.** 3. ed. São Paulo: Saraiva, 1994.

SANTOS, L. R. de A. Princípio da moralidade administrativa. **DireitoNet,** 8 maio 2015. Disponível em: <https://www.direitonet.com.br/artigos/exibir/9094/Principio-da-moralidade-administrativa>. Acesso em: 16 mar. 2022.

SILVA, F. M. A. da. Intervenção do Estado na propriedade privada. **DireitoNet,** 5 jun. 2006. Disponível em: <https://www.direitonet.com.br/artigos/exibir/2633/Intervencao-do-Estado-na-propriedade-privada>. Acesso em: 21 mar. 2022.

TRF4 – Tribunal Regional Federal da 4ª Região. Apelação Cível n. 95.04.58827-1/PR. 3ª Turma, Relator: Juiz Paulo Afonso Brum Vaz, **Diário da Justiça,** 25 nov. 1998.

TURBAY JUNIOR; A. G. Uma introdução ao princípio do devido processo legal: a origem no direito comparado, conceitos, a inserção no sistema constitucional brasileiro e suas formas de aplicação. **Âmbito Jurídico,** 1º jun. 2012. Disponível em: <https://ambitojuridico.com.br/cadernos/direito-constitucional/uma-introducao-ao-principio-do-devido-processo-legal-a-origem-no-direito-comparado-conceitos-a-insercao-no-sistema-constitucional-brasileiro-e-suas-formas-de-aplicacao/>. Acesso em: 16 mar. 2022.

Sobre o autor

Paulo Henrique Vieira da Costa é bacharel em Direito pela Pontifícia Universidade Católica do Paraná (PUCPR), especialista em Gestão de Assuntos Públicos pela mesma instituição, e mestre em Direito Empresarial e Cidadania pelo Centro Universitário Curitiba (UniCuritiba), com dissertação na área de serviços públicos. Lecionou as disciplinas de Teoria Geral do Estado, Direito Constitucional e Administrativo. É advogado especializado em concessões e permissões públicas e em questões administrativas envolvendo serviços de transporte coletivo, rodovias, portos e aeroportos. Foi advogado em empresas de engenharia e consultor técnico em autarquias públicas da administração paranaense. Tem vários artigos publicados na área do Direito Público.

Os papéis utilizados neste livro, certificados por instituições ambientais competentes, são recicláveis, provenientes de fontes renováveis e, portanto, um meio **responsável** e natural de informação e conhecimento.

Impressão: Reproset
Maio/2022